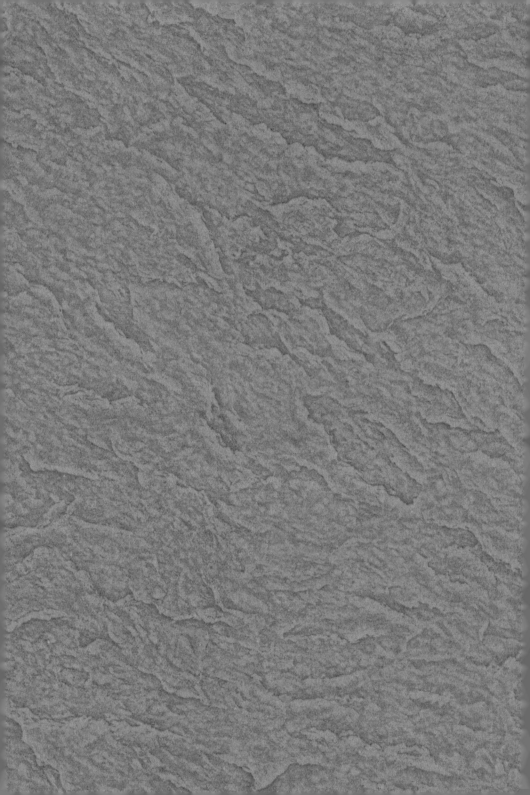

授業研究の
フロンティア

吉崎静夫 監修
村川雅弘・木原俊行 編著

ミネルヴァ書房

はじめに

　新学習指導要領の完全実施が間近に迫っている。それに応ずるために，育成を目指す資質・能力や各教科等の見方・考え方，主体的・対話的で深い学び，社会に開かれた教育課程，そして，これらの実現の鍵を握るカリキュラム・マネジメントなどに，教師たちは取り組むこととなる。それらは授業，学校のあり方の再考を求めるものであり，教育改革のうねりは大きい。

　カリキュラム・マネジメントの核は紛れもなく授業づくりである。いくら高邁な教育目標を掲げたとしても，どんなに立派なカリキュラムを作成しても，日々の授業が変わらなければ，教育改革は絵に描いた餅でしかない。

　カリキュラム・マネジメントのPDCAサイクルの中のDの部分で，教師は日々小さなPDCAを回している。その日の子どもの意欲や理解の状況を把握し踏まえた上で，次の授業を計画・実施する。その営為は，本書が扱う「授業研究」の最も基本的な単位である。

　授業を研究するとは，自己の授業を対象化し，見直し・改善を不断に図っていくことに他ならない。しかし，ともすれば独断に陥ることは避けられない。意識して学習者の視点で自己の実践を捉え直すことが重要である。また，第三者の目を通して評価を仰いだり，的確な助言や具体的な改善策を得たりすることも必要となる。

　我が国の教師たちが主として校内の同僚と共に授業研究を組織的・計画的に行う文化やシステムは，今日，「Lesson Study」として国際的にも注目されている。この授業研究を牽引してきた研究者集団の一つは，かつての大阪大学人間科学部教育技術学講座の水越敏行グループである。本書の中でも各所で紹介されているが，水越氏は1970年代後半から2000年頃にかけて，学校現場の教師たちと協働し，我が国の授業研究を大きく発展させてきた。

　そして，このグループの若手のリーダーであったのが，本書の監修者でもあ

る，吉崎静夫日本女子大学教授（当時は同講座助手）である．本書執筆者の有本氏，浅田氏，黒上氏，田中氏，永田氏，田口氏，そして村川と木原の8名は，吉崎氏の弟分・妹分として，主に学部・大学院時代に授業研究の考え方や方法の手ほどきを受け，研究職についてからも変わらぬ指導を得てきた．

　また，吉崎氏の周りには，その専門性の高さ，その闊達さ，その度量の広さゆえ，多くの研究者や実践家が集まる．田村氏，島田氏，姫野氏，深見氏はそのごく一部で，彼らは，主に日本教育工学会における研究仲間である．

　本書は，吉崎氏に近しい，それゆえに授業研究観を同じくする者が，授業研究に関する知見を寄稿し，刊行された．3部で構成されている．授業研究に関する理論的・実践的知見がバランスよく集積され，その出発点からそのフロンティアまでを見渡すことができる好著になったと自負している．

　第I部では，授業研究の基本的な概念が整理されている．第1章では，吉崎氏が，「授業研究の意義」を分かりやすく説いている．授業研究の目的が確認され，その主体によって授業研究が分類される．第2章では，姫野氏が「授業研究の歴史」を整理している．同氏は，明治期から今日に及ぶ授業研究の歩みを，学校をめぐる状況や教師教育の歩みと重ねながら，7期に分けている．そして，各期の授業研究の特徴や成果等を解説している．第3章では，「授業研究のアプローチ」を浅田氏が詳述している．同氏は，それを，「現象学的」「教育技術的」「行動科学的」「システムズ」の4タイプに整理するとともに，各々の特徴を概観している．また，授業研究のアプローチの原理・原則・留意点等に言及している．第4章において，永田氏は，「教員養成における授業研究」について論じている．同氏は，教員志望学生の授業力形成をめざした授業研究のトレンドを指摘するとともに，その新展開を教職大学院における授業研究に求めている．第5章では，田口氏が大学におけるFDの一環として営まれている授業研究に関して，その意義やその歴史を概説するとともに，その好事例を紹介している．

　第II部では，授業研究と校内研修のよき関係が提示されている．まず，第6章において，木原がその理論的・実践的動向を示す．前者では，とりわけ，授

業研究と「組織マネジメント」の接点が開拓される。次いで第7章においては，田村氏が，授業研究を主柱とする校内研修を学校改善のツールと見なし，そのマネジメントサイクルを描いている。また，それを推進するリーダーシップについて論じている。さらに，島田氏は，第8章において，教育委員会指導主事によって校内研修が，ことに授業研究が進展する道筋を描いている。そこでは，校内研修に関するコンサルテーションのためのモデルやツールが紹介される。

第Ⅲ部では，授業研究を含むカリキュラム開発が論じられている。まず第9章にて，その国内外の潮流を有本氏が説いている。また，その背景にある概念（リテラシー，学習組織等）を，事例を交えて解説している。さらに，授業研究とカリキュラム開発の交差点に位置づくカリキュラム・アセスメントという研究課題の意義や特質を論じている。第10章において，田中氏は，カリキュラム開発の実践的動向たる「学級力向上」カリキュラムを紹介している。それは，いわば授業研究と学級経営の境界領域をなすものであるが，その必要性が確認された後，その作成手順や実際が語られている。第11章では，村川が，学校におけるカリキュラム開発の手順やそれに資する多様な授業分析・評価方法をレビューした後，その今日的展開である，「ワークショップ型授業研究」を紹介する。また，ワークショップをカリキュラム開発の多様なシーンに導入する可能性を示す。さらに，教員志望学生や現職教員が「カリキュラム開発力」を高めるためのワークショップ型研修の好事例を提示している。そして第12章は，黒上氏による学校を基盤とするカリキュラム開発の好事例に関する叙述である。全校的なシンキングツール導入のすぐれた事例が紹介され，それが成立し充実した要因であるキープレーヤーに焦点が当てられる。

本書には，資料も添付されている。深見氏の手による主要書籍の紹介である。その概説は，授業研究に関する研究，教育において，極めて有用であろう。

本書の執筆者の多くは，それぞれが若かりし頃に吉崎氏の薫陶を受けながらも，その後各地でさらなる研鑽や新たなネットワークの構築などを通して経験を蓄積し，知識，専門性を磨いてきた。今回，氏の退職を機に，自らの研究等の知見をまとめ，世に出すことになったわけであるが，それは，執筆陣が授業

研究を様々な視点や切り口から捉え見直す機会ともなった。

　授業研究は我が国の学校教育に関する研究の財産である。今回，現時点における，その理論及び実践を整理し共通理解を図ることができたと考えるが，それは持続的に発展するものであるはずだ。そうした意味では，本書が，授業研究の新たな展開や可能性を見出していく足がかりとなればと願う。一方，本書を手にする実践家にとっては，本書が，未来を担う子どもたちに豊かな資質・能力を育んでいくための確かな授業づくりに寄与できるものであることも切に願う。「授業で勝負する」教師と学校を私たちは全力で応援している。

　最後に，なかなか筆の進まない私たちに対し根気強く連絡・調整をとっていただき，本書実現にお骨折りいただいたミネルヴァ書房及び編集部の浅井久仁人氏に，この場を借りて改めてお礼申し上げる。

　　　執筆陣を代表して

　　　　　　　　　　　　　　　　　　　　　　　　　　　村川　雅弘
　　　　　　　　　　　　　　　　　　　　　　　　　　　木原　俊行

目　次

はじめに……………………………………………………村川雅弘・木原俊行…i

第Ⅰ部　授業研究の基本

第1章　授業研究の意義……………………………………吉崎静夫…2
1.1　授業研究の目的………………………………………………………2
1.2　一人称，二人称，三人称としての授業研究………………………3
1.3　授業研究における理論と実践の関係………………………………9

第2章　授業研究の歴史……………………………………姫野完治…16
2.1　日本における授業と授業研究の出発点……………………………16
2.2　授業研究の現代史……………………………………………………20
2.3　授業研究の今後に向けて……………………………………………27

第3章　授業研究のアプローチ……………………………浅田　匡…31
3.1　授業研究はどう捉えられているか…………………………………31
3.2　授業をどう捉えるか…………………………………………………32
3.3　授業研究がめざすこと………………………………………………38
3.4　あらためて授業研究をすすめるために……………………………43

第4章　教員養成における授業研究………………………永田智子…50
4.1　教員養成における授業研究の目的…………………………………50
4.2　教員養成における授業研究のトレンド……………………………52
4.3　教職大学院における授業研究………………………………………58
4.4　教員養成における授業形成のために………………………………60

第5章　FDとしての授業研究…………………………田口真奈…64
　5.1　FDがめざすもの………………………………………………64
　5.2　大学における授業研究…………………………………………66
　5.3　公開実験授業という試み………………………………………68
　5.4　文学研究科プレFDプロジェクトにおける授業研究…………70
　5.5　FDとしての授業研究の展望…………………………………72

第Ⅱ部　授業研究を主柱とする校内研修

第6章　校内研修の理論的・実践的動向…………………木原俊行…80
　6.1　校内研修の理論的動向…………………………………………80
　6.2　校内研修の実践的動向…………………………………………86

第7章　授業研究・校内研修推進のためのマネジメントサイクルと
　　　　リーダーシップ…………………………………田村知子…95
　7.1　マネジメントの意義と課題……………………………………95
　7.2　校内研修推進のためのマネジメントサイクル………………96
　7.3　校内研修を推進するリーダーシップ…………………………102
　7.4　実践事例にみるマネジメント…………………………………105
　7.5　展　　望…………………………………………………………107

第8章　指導主事による校内研修充実のためのコンサルテーション
　　　　………………………………………………………島田　希…112
　8.1　校内研修の発展と外部支援者の関わり………………………112
　8.2　指導主事による校内研修のコンサルテーション……………114
　8.3　指導主事のコンサルテーションを充実させるツールの開発…118
　8.4　校内研修に関わる指導主事の力量形成にむけて……………123

第Ⅲ部　授業研究とカリキュラム開発

第9章　カリキュラム開発の理論的動向……………有本昌弘…128
- 9.1　カリキュラム開発の動向……………………………………128
- 9.2　国内における21世紀型コンピテンシーとカリキュラム………130
- 9.3　その背景にあるリテラシーと逆向き設計………………132
- 9.4　日本の文脈：授業研究と校内研修………………………133
- 9.5　カリキュラム評価からカリキュラム・アセスメントによるレッスンスタディへ………………………………………………137

第10章　カリキュラム開発の実践的動向……………田中博之…143
- 10.1　学級経営を意図的・計画的に実施する学級力向上カリキュラムの開発………………………………………………143
- 10.2　計画的な学級づくりの不在………………………………144
- 10.3　学級力を高める必要性とその方法………………………145
- 10.4　学級経営のカリキュラム開発の必要性…………………150
- 10.5　学級力を高める教科横断的なカリキュラム編成…………153
- 10.6　カリキュラム開発の実際…………………………………155
- 10.7　校内研修における学級力向上カリキュラムの作成研修…156
- 10.8　今後の研究課題……………………………………………160

第11章　学校を基盤としたカリキュラム開発の研修……村川雅弘…162
- 11.1　我が国における学校を基盤としたカリキュラム開発とその手順……162
- 11.2　多様な授業分析・評価方法………………………………164
- 11.3　授業研究の改善のためのワークショップ…………………167
- 11.4　学校を基盤としたカリキュラム開発のためのワークショップ型研修……………………………………171
- 11.5　教員養成や初任研におけるカリキュラム開発力育成の試行……174

第12章　学校全体でのシンキングツール導入の経緯と導因
　　　　　　　　　　　　　　　　　　　　　　　　　　　黒上晴夫…178
12.1　シンキングツールと思考スキル……………………………………178
12.2　関西大学初等部………………………………………………………179
12.3　岡崎市立小豆坂小学校………………………………………………184
12.4　福山市立鷹取中学校…………………………………………………187
12.5　学習プログラムを創るプレイヤー…………………………………190

資　　料

授業研究に関する主要書籍……………………………………深見俊策…196

おわりに………………………………………………………………吉崎静夫…209

人名索引／事項索引

第Ⅰ部
授業研究の基本

第1章
授業研究の意義

吉崎静夫

　本章では，「授業研究の目的」「一人称，二人称，三人称としての授業研究」「授業研究における理論と実践の関係」という3つの視点から，授業研究の意義を考える。

1.1　授業研究の目的

　第1は，「授業改善のために」ということである。このことは，授業研究を行うための最も基本的な目的である。そこでは，授業実践者である教師が単独で，あるいは同僚教師と協働でデザインし，実践した授業を振り返ることで，授業を改善するための手がかりを得ることにある。

　第2は，「カリキュラム開発のために」ということである。この目的は，カリキュラム開発と連携して授業研究を行うことである。その際，カリキュラム開発の途中の段階で行う授業研究はカリキュラムの形成的評価のためであり，カリキュラム開発の終了の段階で行う授業研究はカリキュラムの総括的評価のためである。なお，学校全体で取り組むカリキュラム開発は「学校を基盤とするカリキュラム開発（SBCD）」であり，教師個人が自らのクラスで取り組むカリキュラム開発は「教師個人を基盤とするカリキュラム開発」である。

　第3は，「教師の授業力量形成のために」ということである。この目的は，第1の「授業改善のために」とも関連深いものである。そこでは，教師が学内外で授業研究を他の教師や研究者と行うことによって，自らの授業力量（授業についての信念，知識，技術など）を形成することにある。とりわけ，授業研究

が同僚教師との協働のもとで校内で行われるとき，教師個人にとどまらず学校全体の教師の授業力量向上につながる。その授業研究の考え方が，世界では「レッスンスタディ（Lesson Study）」と呼ばれ，注目されている。

第4は，「授業についての学問的研究の進展のために」ということである。この目的は，授業という社会的営みをアカデミックな立場から研究して，教師の授業実践を支援できるような科学的知見を蓄積し，授業についての学問を進展させることである。そこでは，授業を構成している要素（例えば，目標，内容，教材，メディア，指導法，時間，スペース，評価，教師，子どもなど）を同定し，それらの要素間の関係を明らかにさせ，授業モデルや授業理論を構築することが主な目的となる。

1.2 一人称，二人称，三人称としての授業研究

授業研究は，どの立場（人称）から研究するのかによって，その目的も方法も異なる。そして，それぞれの立場（人称）において，それぞれの意義がある。

1.2.1 一人称としての授業研究

一人称としての授業研究とは，教師が自らの授業実践を対象に，その授業を改善するために研究することである。その特徴は，当事者性（主体的な関わり）が大きい割には，客観性が低くなりがちなことである（表1-1参照）。つまり，時として「独りよがり」になりがちだということである。

教師は，授業中に，何を見て，何を感じ，どのようなことを考えているのだろうか。さらに，どのような判断や意思決定をしているのだろうか。このような教師の内面過程に，授業当事者の視点から迫るのが一人称としての授業研究

表1-1　一人称，二人称，三人称としての授業研究の特徴

	当事者性	客観性
一人称としての授業研究	大	低
二人称としての授業研究	中	中
三人称としての授業研究	小	高

である。

　哲学者の鷲田清一は,「わたしたちはじぶんのからだについて,ごくわずかなことしか知らない。背中やお尻の穴をじかに見たことがない。いや,他人がわたしをわたしとして認め,覚えてくれるその顔を,よりによって当人であるこのわたしは一生見ることができない」と述べている。もちろん,鏡や写真で顔を確認することはできる。しかし,じかに見ることはできない。つまり,常に自分と同居し,よくわかっているつもりでいる自分の体を本当はよくわかっていないのではないかということである。このことは,教師にとっての授業についてもいえることではないだろうか。

　ところで,これまでの授業研究では,授業をビデオカメラで録画し,授業記録をとる方法が盛んに行われてきた。ビデオカメラが安価になるとともに,その撮影方法も容易になるのにつれて日常的にビデオカメラが授業研究に用いられるようになった。

　ただし,そこでは教師や児童生徒の言語的・非言語的行動,板書,掲示物などを第三者(撮影者)の視点から撮影する方法がとられている。

　生田孝至らは,教師と児童生徒を第三者の視点から映し出すカメラを「客観カメラ」とすれば,教師(授業者)の視線の方向から教室風景(主として,児童生徒)を映し出すカメラは「主観カメラ」であると述べている。なお,「客観カメラ」で録画された授業記録が主として「三人称としての授業研究」で用いられるのに対して,「主観カメラ」で録画された授業記録が主として「一人称としての授業研究」で用いられる。そして,「二人称としての授業研究」では,これら二つのカメラを併用することになる(表1-2参照)。

　ところで,教師(授業者)の視線の方向から教室風景(主として,児童生徒)

表1-2　一人称,二人称,三人称としての授業研究のビデオ録画法

	主観カメラ	客観カメラ
一人称としての授業研究	○	△
二人称としての授業研究	○	○
三人称としての授業研究	△	○

注:○はよく用いられる。△はあまり用いられない。

を映し出すビデオカメラは，どのようなカメラなのだろうか。それは，教師（授業者）の頭部に装着するウェアラブルカメラである。近年，このカメラが比較的安価で，装着しやすいことから急速に普及している。

なお，ウェアラブルカメラとは，身体等に装着しハンズフリーで撮影できる事を目的とした小型カメラの総称である。通常のビデオカメラとは違い小型で軽量なため，ヘルメットやバンド等に装着することによってヒトや動物の身体に繕うことが可能となる。授業研究では，教師（授業者）の頭部にバンドで装着する形式が便利である。例えば，よく使われるパナソニック社の4Kウェアラブルカメラで2万5千円程度の価格である。今後，広く使われることが予想される。

姫野完治は，授業者の視線から撮影・記録した映像をもとに，授業中の教師の視線傾向や意図を継時的に振り返る授業リフレクションを試行し，その成果と課題を明らかにしている。例えば，授業者のI教諭（教職経験9年，小学校1年担当）は，日常生活において気がかりな子どもに多くの視線を向ける傾向があった。また，この教師は，自らの視線で撮影・記録したビデオ映像を見ながら，自らの行動について次のような興味深いコメントをした。

　　いま（自分の行動について）説明をしたでしょう。こういう意図でとか。そういうのは，普段は全然意識していないので，ほとんど無意識でしていることの説明をしたので，なんか発見ですね。自分はこんな風に考えてそうやっているのかって。例えば，近くの人（児童）を全然見ていなかったとか，面白いですね。

このコメントには，次の2つのことが含まれている。

1つは，日頃は無意識的に行っている教授行動（手だて）について，自らの視線で撮影・記録したビデオ映像を手がかりとすることによって，自らの教授意図をリフレクションできていることである。そして，そのことが教師にとっては新たな発見につながっている。

もう1つは，普段見過ごしている自らのクセに気づいたことである。そして，そのことが教師にとっては面白いことだったのである。新たな授業力の向上につながることが期待できる。

1.2.2 二人称としての授業研究

　二人称としての授業研究は，教師が同僚教師（あるいは学外教師）と協働で，同僚教師（あるいは学外教師）が実践する授業を改善するために研究することである。具体的には，協働で授業を設計したり，授業後に授業者と授業について対話をし，授業改善のための手立てを探ることである。その特徴は，当事者性と客観性が中程度だということである。このことは，当事者性と客観性のバランスがほどほどにとれていることを意味する（表1-1参照）。

　レディ（Reddy, V.）が提唱している二人称的アプローチでは，一人称的ないし三人称的アプローチとは違って，他者は「あの人（特別な他者）」として能動的かつ情動的関わりの中で理解されている。そして，「我と汝（私とあなた）」という二人称の関係においては，能動的かつ情動的な関わりとともに，応答する感覚（その人の行為に「応える」義務感）が喚起される。つまり，二人称の関係の主な特徴は，「情動性」と「応答性」にある。一方，一人称的アプローチでは他者というのは自己の経験の延長によって理解されると考えられており，三人称的アプローチでは他者というのは観察，推察および理論によって外側から理解されると考えられている。

　ここで，「他者」という用語を「授業」という用語に置き換えてみる。そうすると，「当該教師と同僚教師」という二人称の関係において，当該教師は同僚教師が実践する授業に能動的かつ情動的に関わるとともに，同僚教師の行為に「応える」義務感が喚起されることになる。したがって，二人称としての授業研究は，当該教師が同僚教師の授業に当事者性をもって関わることによって，同僚教師の行為（例えば，授業プランの作成や授業改善）に積極的に応えようとするものだといえる。なお，ここでいう「同僚教師の行為に積極的に応えようとすること」は，授業を受けている児童・生徒が同僚教師の行為（手だて）に積極的に反応することを意味しているのではなく，当該教師が同僚教師の授業プランに積極的にコメントしたり，協働で授業プランを作成することを意味している。さらに，授業後に同僚教師と授業について対話し，協働で授業改善プランを作成することを意味する。それは，まさにわが国の学校風土の中で形作られた「同僚性」が基盤になっているのだといえる。

1.2.3 三人称としての授業研究

三人称としての授業研究は，授業者の了解をえて，ひたすら第三者の立場から授業実践を観察・考察して，その授業実践に関わる要因や要因間の関係を記述することである。その特徴は，一人称の授業研究とは逆に，当事者性が小さくて，客観性が高いことにある（表1-1参照）。そして，三人称としての授業研究の代表的なものが，「行動主義的アプローチによる授業研究」と「認知主義的アプローチによる授業研究」である。

「行動主義的アプローチによる授業研究」の特徴は，授業過程での教師行動（教授行動）と生徒行動（学習行動）といった外部から観察可能な行動の分析を中心にすえて，それらの行動と授業成果との関係を明らかにしようとするものである。そして，わが国では，授業におけるコミュニケーション分析という名称のもとで，教師行動と生徒行動との相互作用が1970年代から1990年代にかけて盛んに研究された。

1960年代後半における教育界における重要なトピックスの1つは，「教師期待効果」ということであった。このトピックスに対する教育関係者の関心は，ローゼンサールとジェイコブソン（Rosenthal & Jacobson）によってなされた「教室でのピグマリオン効果」という研究が契機となった。その研究は，教師が児童生徒の学業成績や行動についてある期待を抱くと，教師は無意識のうちにその期待に沿った行動をとってしまい，その結果として児童生徒の学業成績や行動が教師の期待に近づくというものだった。なお，ローゼンサールらは，教師がある期待をもつと，児童生徒に対してどのような教室行動をとるのかということを直接的には検証しなかった。

そこで，ブロフィとグッド（Brophy & Good）は，教師の期待と教師の教室行動との関係を「行動主義的アプローチによる授業研究」で明らかにした。

教師は，意識しないで異なる対応行動をとっていたのである。そのことが，児童生徒の学習意欲に影響し，さらに異なる学習成果をもたらしたのである。そして，この研究は日常の教室といった自然的条件の下で行われただけに，教育関係者に大きなインパクトをあたえた。つまり，「行動主義的アプローチによる授業研究」は，教師と児童生徒との相互作用を客観的に観察・分析するこ

とによって，教師や教育関係者に授業改善のための有効な手がかりを示すことができた。ただし，そこで問題となるのが，どのような研究視点（研究概念）をもって授業実践を観察・分析するのかということであった。

「認知主義的アプローチによる授業研究」の特徴は，教師と生徒の教室行動の背後にあるものとして，授業過程での教師と生徒の内面過程（思考，判断，感情など）に注目している点にある。そこには，20世紀後半に急激な発展をとげた認知科学の影響がある。その結果，認知主義的アプローチをとることによって，「行動主義的アプローチによる授業研究」では十分には明らかにすることができなかった課題（例えば，「なぜ教師や生徒はそのような教室行動をとるのか」，「なぜ教師や生徒はそのような教室行動をとることができるのか」といったことなど）がわかってくるとともに，教師という仕事がもつ困難さや魅力が次第に明らかになってきた。

1.2.4　一人称，二人称，三人称が協働する授業研究

「一人称，二人称，三人称が協働する授業研究」について考える。その際，一人称（授業者），二人称（共同授業設計者，共同授業実践者），三人称（授業参観者）という立場（あるいは視点）の違いを生かす授業研究のあり方を考えてみる必要がある。

ところで，一人称（授業者）の立場だからこそ，「見えること（見えないこと）」と「わかること（わからないこと）」は何だろうか。

そして，二人称（共同授業設計者，共同授業実践者）の立場だからこそ，「見えること（見えないこと）」と「わかること（わからないこと）」は何だろうか。

さらに，三人称（授業参観者）の立場だからこそ，「見えること（見えないこと）」と「わかること（わからないこと）」は何だろうか。

これらのことは，次の4つのタイプに分類される。

1つ目は，一人称（授業者），二人称（共同授業設計者，共同授業実践者），三人称（授業参観者）という立場を越えて，同じことに気づくことである。例えば，「導入が工夫されていて，児童生徒がその授業に引き込まれている」「教師の発問がはっきりしないために，児童生徒が戸惑っている」などである。

表1-3 対人関係の気づきの窓 (Luft & Ingham 1955)

	自分はわかっている	自分はわかっていない
他人はわかっている	開放の窓 「公開された自己」	盲点の窓 「自分は気づいていないものの，他人からは見られている自己」
他人はわかっていない	秘密の窓 「隠された自己」	未知の窓 「誰からもまだ知られていない自己」

2つ目は，一人称の授業者（あるいは二人称の共同授業設計者）にはわかっているが，三人称の授業参観者にはわからないことである。例えば，「あの児童生徒は，日頃と違って，今日は学習意欲が高い」「普段はよくわかる，あの児童生徒が，今日の学習課題を理解できていない」などである。

3つ目は，一人称の授業者は気づいていないが，三人称の授業参観者（あるいは二人称の共同授業設計者）は気づいていることである。例えば，「この授業者は，発問の後，児童生徒の応答を待つ時間が極端に短い」「この授業者は，授業がうまく進行していないと，顔の表情が硬くなる」などである。

4つ目は，一人称，二人称，三人称のだれもが気づかなかったり，わからないことである。例えば，「このクラスの児童生徒は，教師の言動よりも，ある児童生徒の言動を気にしている」などである。

これらの4つのタイプは，米国の心理学者ジョフリー・ルフトとハリーントン・インハム（Joseph Luft & Harrington Ingham）によって1955年に提唱された「対人関係の気づきの窓（通称，ジョハリの窓）」と関係がある。「ジョハリの窓」には，表1-3のように，4つの窓がある。なお，ここでいう「自分」は授業研究での「一人称（授業者）」に対応し，「他人」は「二人称（共同授業設計者，共同授業実践者）」と「三人称（授業参観者）」に対応する。

1.3 授業研究における理論と実践の関係

「社会心理学の祖」として知られるレヴィン（Lewin, K.）は，アクション・リサーチ（実践研究）を提唱するなかで，次のような有名な言葉を残している。「よい理論ほど実践的なものはない（Nothing is so practical as a good theory.）」

つまり，実践に役立たなければ理論ではない，ということである。さらに，彼は，「書物以外のものを生みださない研究は満足なものとはいえない」とも言っている。彼の立場からいえば，アクション・リサーチ（実践研究）は，理論と実践を往還しながら，社会的実践（例えば，集団的意思決定による食習慣の改善など）を展開するための方法論だということになる。つまり，アクション・リサーチ（実践研究）は，「社会的行動の諸形式の生じる条件とその結果との比較研究であり，社会行動へと導いていく研究」ということになる。

授業研究は，アクション・リサーチ（実践研究）を主要な方法論として採用している。したがって，授業研究においても，理論と実践の関係を考えてみる必要がある。

ところで，「授業研究における理論と実践の関係」は，次の3つのタイプに大別される。

1つ目は，「理論を実践に適用すること（theory into practice）」である。プログラム学習，発見学習，完全習得学習，有意味受容学習などの学習理論を授業実践に適用することである。例えば，国語の漢字学習，算数の計算学習，英語の単語・文法学習において，プログラム学習の原理（自発性，スモールステップ，即時的フィードバック，マイペース）を適用した授業を実践し，その成果を評価することは，これらの知識・技能の習得にとても有効である。

2つ目は，「理論を実践を通して発展させること（theory through practice）」である。

本章の第2節で述べたように，1960年代後半における教育界における重要なトピックスの1つは，「教師期待効果」ということであった。このトピックスに対する教育関係者の関心は，ローゼンサールらによってなされた「教室でのピグマリオン効果」という研究が契機であった。その研究は，教師が児童生徒の学業成績や行動についてある期待を抱くと，教師は無意識のうちにその期待に沿った行動をとってしまい，その結果として児童生徒の学業成績や行動が教師の期待に近づくというものであった。さらに，ブロフィらは，教師の期待と教師の教室行動との関係を授業研究で明らかにした。教師は，意識しないで異なる対応行動をとっていた。まさに，教師期待効果理論を授業実践を通して発

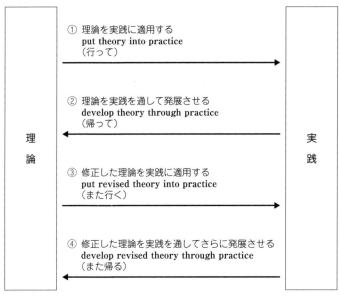

図1-1　理論と実践の往還

展させたのである。

　なお,「授業研究における理論と実践の往還」は,「理論を実践に適用すること (theory into practice)」と,「理論を実践を通して発展させること (theory through practice)」に関係がある。それをモデル化したのが図1-1である。

　3つ目は,「理論を実践の中で構想すること (theory in practice)」である。つまり,「教育実践の中で生まれる理論」のことである。

　教師（授業者）は,予想外の授業場面や新しい授業状況に直面したときに,これまで蓄積してきた実践知（多くが暗黙知）を総動員させて,それらの場面や状況に対応するための理論（実践知の新たな枠組み）を構築することがある。このことに関連して,ショーン (Schön, D. A.) は,「普通の人びともプロフェッショナルな実践者も,自分がしていることについて,ときには実際におこなっている最中であっても考えることがよくある」と述べている。まさに,「行為の中の省察」である。そして,ショーンはさらに,「行為の最中に驚き,それが刺激となって行為についてふり返り,行為の中で暗黙のうちに知っていることをふり返る」と述べている。まさに,「行為の中の省察」を通して,プロフェッ

第1章　授業研究の意義　　11

ショナルな実践者は，実践を通して蓄積してきた暗黙知を表に出して検討し，明示化させることができるようになる。

　戦後のわが国を代表する教育実践者である斎藤喜博によれば，「人間の感覚とか勘」には，実践の底にある真理や法則をつかみ出す力が含まれている。

　そして，「実践者である教師の感覚や勘」について次のように説明している。

　　　それ（つまり，教師の感覚や勘のこと）は，他から学びながら，実践のなかできびしく教材や子どもや自分と対決することによってつくられたものだからである。他から学んだものとか，実践の蓄積とか，実践のなかから生まれた理論的なものの蓄積とかによって生まれたものだからである。

　このように，斎藤によれば，教師の感覚や勘は，① 他から学んだもの，② 実践の蓄積，③ 実践の中で生まれた理論などによって磨かれるということである。そこには，教師としての経験と理論の蓄積がいかに大切なものであるかが示唆されている。

　さらに，斎藤は，「実践の中で生まれる理論」について次のように述べている。

　　　自分の持っている指導方法をもとにして，さらに新しい自分の指導方法をつくり出していくこともできるのである。そして，そういう自分の指導方法を数多くの教師がつくり出したとき，一般的な指導の方法とか型とかいうものをつくり出すことができるようになるのである。

　つまり，「数多くの教師が自分の指導方法をつくり出すこと」が前提となり，次にそれらの指導方法の共通点が見出されたときに，「一般的な指導の方法とか型が生まれる」ということである。そして，一般的な指導の方法や型が，まさに「実践の中で生まれる理論」となる。

　わが国の授業研究をリードしてきた水越敏行は，独自の教育技術論を展開している。

　水越によれば，いつでも，どこでも，誰にでも使える「一般化できる教育技術」と，他の何人たりとも簡単には真似ることのできない「個性化の色彩が強い教育技術」が緊張した共存関係にあるということである。つまり，「一見した所，全く逆方向に働く２力があって，この両者が互いに，緊張関係を保ちつ

つ，しかも一方を前提としてこそ他方も成り立つという『デュアルな関係』にある。これが技術の本質なのであろう」ということである。

そこで，水越は，教育技術のレベル分けを提案している。

第一のレベルは，「条件通りやれば，いつでも，どこでも，誰にでも再現できて，ほぼ同じ効果が期待できる教育技術」である。それは，「一般化できる教育技術」であり，定石と呼ばれていることが多い。

第二のレベルは，「方法や注意事項などを明記し，図や写真を添えておけば，他の教師に輸出可能（伝達可能）な教育技術」である。それは，「条件つきで一般化できる教育技術」である。

第三のレベルは，「教師，子ども，施設などの様々な条件と相互作用をもっていて，直ちには他の教師に輸出（伝達）することが難しい教育技術」である。それは，一般化とは対照的な「個性化の色彩が強くなる教育技術」である。

ところで，一般的な指導の方法や型が，まさに「実践の中で生まれる理論」である。ということは，「実践の中で生まれる理論」は，水越が提唱している「第一レベルの教育技術（一般化できる教育技術）」と「第二レベルの教育技術（条件つきで一般化できる教育技術）」ということになる。

これらのことを具体的な教育技術を例に挙げながら考えてみる。

わが国の国語教育界に多大な功績を残した大村はまは，名著『教えるということ』の中で，書かせる工夫の例を挙げている。

> まず，子どもに聞かせる話を考えます。内容を適当なところ３ヵ所ぐらいで切っておいて，子どもには３つのわくをとった紙を配っておきます。『これからお話ししますからお話を途中で切ったら，その時に心に浮かんでいることを書きなさい。どういうふうにでもよいから。練習ですから，上手下手はなし。私が話をやめたときに，心に浮かんでいることを２・３分で文字にする。そういうふうに今日はしましょう。』と言って話し始める。どんな話を，どんなところで切って話すか，そこが先生の腕前です。必ず思うことがあるという話でないと教材になりません。また，書くことがあふれ出てくるような，うまいところで切らなければだめです。必ず何か思うようなところで切るのです。

第1章 授業研究の意義

この「書かせるための指導技術」は，水越が提唱している「第一レベルの教育技術（一般化できる教育技術）」から見れば，① 子どもに聞かせる話を考える（または，聞かせる話を探してくる），② 話の内容を適当な3ヵ所ぐらいで切っておく，③ 話を読みながら，あらかじめ切っておいた箇所で話を中断させる，④ 中断した箇所で心に浮かんだことを自由に2・3分間で書かせる，ということになる。

　確かに，これらの手順は，他の教師に伝達可能なものである。しかし，題材の選び方，話し方，切り方ということは，作文指導に関する教師の力量に依存していることも事実である。したがって，この教育技術は，大村はまという優れた実践家の個性化の側面ももっているのである。まさに，水越がいう「一般化と個性化という，教育技術のデュアルな関係」がそこにはある。

引用・参考文献

Brophy, J. E. & Good, T. L. (1974) *Teacher-student relationship: Causes and consequences*, New York: Holt, Rinehart and Winston.（浜名外喜男ほか訳 (1985)『教師と生徒の人間関係——新しい教育指導の原点』北大路書房.）

姫野完治 (2016)「教師の視線に焦点を当てた授業リフレクションの試行と評価」日本教育工学会論文誌，40(Suppl.)：13-16.

生田孝至・棚原綾乃 (2016)「主観カメラとカード構造化法による教師の授業認知研究の試み」日本教育実践学会第19回研究大会論文集，87-88.

Lewin, K. (1948) *Resolving Social Conflicts: Selected papers on group dynamics*, New York: Harper.（末永俊郎訳 (1954)『社会的葛藤の解決——グループ・ダイナッミクス論文集』東京創元社.）

Luft, J. & Ingham, H. (1955) "The Jahari window, a graphic model of interpersonal awareness," Proceedings of the western training laboratory in group development, Los Angels: University of California, Los Angels.

水越敏行 (1987)『授業研究の方法論』明治図書.

大村はま (1973)『教えるということ』共文社.

Reddy, V. (2008) *How Infants Know Minds*, Massachusetts: Harvard University Press.（佐伯胖訳 (2015)『驚くべき乳幼児の心の世界——二人称的アプローチから見えてくること』ミネルヴァ書房.）

Rosenthal, R. & Jacobson, L. (1968) *Pygmalion in the Classroom: Causes and*

consequences, New York: Holt, Rinehart and Winston.
斎藤喜博（1969）『教育学のすすめ』筑摩書房.
Schön, D. A.（1983）*The Reflective Practitioner: How professionals think in action*, New York: Basic Books.（柳沢晶一・三輪健二監訳（2007）『省察的実践とは何か』鳳書房.）
鷲田清一（1996）『じぶん・この不思議な存在』講談社.

第2章
授業研究の歴史

姫野完治

　日本における授業研究の歴史は長く，それぞれの時代の社会情勢や授業を研究する主体によって基盤となる考え方が異なる。そのため，実に多様なアプローチで推進されてきている。本章では，学校制度が始まった明治から大正までと，科学としての授業研究が本格化した戦後に区分して，授業研究の歴史を概観する。

2.1　日本における授業と授業研究の出発点

2.1.1　授業の誕生
　日本における「授業」の歴史は，1872（明治5）年の「学制」が端緒である。それ以前も，藩校や私塾，寺子屋等の教育機関において教育活動は行われてきたが，身分を問わず全ての子どもを対象として，一斉形態で行われる現在のような授業は，明治期にその基本が形作られた。
　しかしながら，「授業」という用語が一般的に使われ始めたのは，昭和30年代以降と言われている（柴田 1993）。「授業」と同じような意味合いで用いられていた用語に「教授」があり，明治から昭和初期にかけて広く普及していたのは「教授」であった。「教え授ける」という文字通り，教師の働きかけに重きをおいた意味で用いられた。その後，戦後の教育を創造する上で，戦前の暗記主義，画一主義の教育に対する批判と子どもの学習活動を重視する観点から「教授」という用語の使用が控えられ，「授業」が広く用いられるようになった。同時期に，「授業研究」が学校現場や教育学界において活発に行われたこともあり，

「授業」という呼称が実践的および理論的な意味をもつ言葉として普及し、現在に至っている。

2.1.2 授業の普及と定型化をめざした明治期

「授業」と「教授」のような呼称の変動はあるものの、教室という空間で一斉形態により教育活動を行うことは、明治期から現在まで一貫している。では、明治期の授業は、どのように進められていたのだろうか。教員養成に関する資料から、当時の授業の特徴を捉えていく。

当時の学校における教育方針は、米国のペスタロッチ主義の教育理論を基盤としていたが、実際には学級集団の指導の手続きや行為を模していくことに重点がおかれ、師範学校で用いられた指導書の記述は、教師の行為を指示するマニュアル的な性格を示していた（稲垣ほか 1996）。新たな教育制度を発足させるにあたり、学校で教える教育内容と授業に精通した教師を養成するという目的のもと、中央から伝えられる模範的な授業方法を習得することがめざされたのである。そのため、緒言として子どもの発達や認識に注目することを促す記述もあるが、大部分は書物の持ち方から音読の方法、板書の書き方、子どもが間違った回答をした時の対応方法など、一斉授業に用いられる多様な教授スキルがまとめられている。諸葛（1873）『小学教師必携』および田中ら（1875）『師範学校　小學教授法』の一部を図2-1と図2-2に示す。

明治10年代に入ると、諸外国で教育や教員養成の理論を学んだ高嶺秀夫らが帰国し、新しい教授法の普及に努めた。高嶺の指導を受けた若林ら（1889）が著した『改正教授術』の自序の第四項「批評ノ諸題」に、「他教師ノ授業スルヲ見テ如何ニ批評スベキヤノ要点ヲ示セルモノニシテ」「教授ヲ観察シ常ニ比等ノ諸点ニ訴ヘ批評ヲ加フルコト最有益ナリトス」と記されているように、授業を相互に観察したり、批評したりする授業批評会が拡大していった。これが、現在も学校現場で行われている授業研究の出発点である。

一方、明治20年代後半以降になると、明治10年代に基盤となっていたペスタロッチ主義を源とする開発主義教授理論に代わって、ヘルバルトやその弟子たちによる教授理論が台頭したことにより、「教授細目」や「教案」に注目が集ま

生徒ノ進歩ニ依テハ、稍文字ニ識リ得ルガ故ニ、字書ヲ啓シテ書物ヲ左手ニ持タシムルモ可ナリ、書物ノ持チ方ハ下圖ニ示スガ如ク拇指ト小指ヲ書物ノ持中ニ出シテ持ツノ法ナリ、

一 地球儀ヲ示ス、地球ノ形チ及ビ南北極或ハ緯度ノ幾、或ハ赤道回帰線或ハ熱帯寒帯及ビ暖帯ノ區別等ヲ説キ示スモノナリ、

算術

一 小學算術書ヲ用キ、先ヅ一人ノ生徒ヲシテ一題ヲ誦讀セシメ然ル後善數ヲ呼バシムベシ若シ其讀方或ハ答數一誤謬アルトキハ其誤謬タルヲ知ラシム゛ル生徒ヲシテ各右手ヲ擧ゲシメ其中ノ一人ノ生徒ヲ指シテ之ヲ改正セシムベシ、右ノ如ク諸算ヲ教フルトキ漸ヲ二段ノ加筭ノ

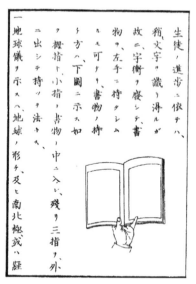

図 2-1 『小學教師必携』に記された教授法

図 2-2 『師範學校 小學教授法』に記された教授法

り「公教育教授定型」が形作られた。その中心が，ラインによって示された「予備－提示－比較－統括－応用」からなる5段階教授理論である。国定教科書によって規定された知識や価値観を，一定の教授方式で伝達することがめざされ，授業批評会はこの定型に沿う形で普及した。

2.1.3　学校発の授業改造が推進された大正・昭和初期

　教育の画一化・統制化のあり方を改革しようとする主張が，明治期終盤から胎動し始め，第一次世界大戦以降に進んだ民主主義を求める流れと呼応して，子ども中心の教育をめざす運動が展開された。後に大正自由教育運動と呼ばれるものである。

　この時代の授業研究は，「自由教育運動」の名に現れるように，国家によって規定された教育内容や指導法からの解放と自由化をめざした。その先駆的な実践として，明石女子師範学校附属小学校主事であった及川平治（1912）が進めた『分団式動的教育法』がある。すべての子どもに対して一様の教授訓練をするような授業ではなく，個々の子どもの個性や理解度に応じて，全級的な授業と分団的な授業，そして個別的教育を組み合わせる教育のあり方を提唱した。

　このような，「教師による教授」よりも，「児童の学習」を重視する取り組みは，全国の師範学校附属小学校や私立学校へと波及した。中でも，奈良女子高等師範附属小学校の主事であった木下竹次（1923）は，「学習は学習者が生活から出発して生活によって生活の向上を図るもので，学習は自己の生活の発展それ自身を目標とする」と捉え，子どもの自学自習を中心に据えた授業を推進した。奈良女子大学附属小学校の学習論や実践を収めた『学習研究』誌は，1922年から現在まで受け継がれ，「児童の学習」を重視した授業の全国的な普及に寄与した。現在もこの思想に基づいた「しごと」「けいこ」「なかよし」からなる教育構造が受け継がれており，中核となる「しごと」は，近年の「生活科」や「総合的な学習の時間」の導入にも影響を与えている。

　学校を基盤とした取り組み以外にも，昭和初期に発展した生活綴方教育につながるような，芦田恵之助による随意選題主義綴方や，1918年に鈴木三重吉が創刊した児童雑誌『赤い鳥』によって進められた「ありのまま綴方」の実践な

第2章　授業研究の歴史　　19

ど，子どもの生活に根差した多様な実践が行われた。一方，長野県の若手教師が，終身科の授業で教科書を使わなかったという理由で教職から追放された「川井訓導事件」が1924年に起きたように，公教育としての教育内容や指導法をめぐる攻防が展開された。

2.2 授業研究の現代史

日本における授業研究は，明治期に教師同士で授業を批評しあう形式で始まった。その後，大正，昭和と時代が移り変わり，戦後の新教育を契機として，授業研究は新たな時代へ移り変わる。田中（2017）が，「わが国において，授業という行為が，本格的な研究の対象となり，多産的な成果を生み出すようになるのは，第二次世界大戦後のことである」と述べるように，学問的な授業研究がこの頃から一気に拡大した。

戦後の授業研究を概観するにあたり，いくつかの枠組みが示されている。三橋（2003）は，各々の授業研究のルーツとなる国（ソ連邦，フランス・ドイツ，アメリカ・イギリス）に焦点を当てて整理している。姫野ら（2016）は，理想とする授業の型が明確にある「閉じた系の授業研究」と，授業の多様性や教師の協働性を重視する「開いた系の授業研究」に区分して整理している。ここでは，戦後から現在までを約15年ごとに区分し，それぞれの時期の授業研究を概観していきたい。姫野ら（2016）に加筆・修正し，学校をめぐる状況，授業研究の歩み，教師教育の歩みを整理した（表2-1に示す）。

2.2.1 戦後の教育改革と授業研究（1945年頃～1960年頃）

国家主義的な教育観に基づいて実施された戦前の教育への反省から，戦後は子ども中心の教育へと転換すべく，民主教育を行うためのカリキュラムや授業が模索された。新しい教育を推進するにあたり1947年に示された学習指導要領一般篇（試案）は「手引き」と位置づけられ，それをふまえて各学校が，地域や子どもの特性に応じてカリキュラムを編成することが奨励された。そのため，1945年の終戦以降のおよそ10年間は，全国各地の学校で自主的なカリキュラム

表 2-1　学校・授業研究・教師教育の流れ（姫野ほか（2016）に加筆・修正）

時期	学校をめぐる状況	授業研究の歩み	教師教育の歩み
1870年代〜1910年頃	**学校の誕生と制度化** 教育制度の確立：学制，教育令，改正教育令，小学校教則大綱，学校令，教育勅語 授業の定式化と伝習：小学教師必携，改正教授術	**授業研究の創始** 授業研究の創始：授業批評会，授業研究方法の定型化 公教育教授定型：教授細目，教案，予備−比較−統括−応用の5段階教授理論	**教師の確保と定式化** 養成制度の整備：小学校教則綱領，小学校教員心得，師範学校教則大綱，師範学校令，教員免許制度の成立
1910年頃〜1945年頃	**子ども中心の教育への転換** 自由教育運動とカリキュラム開発：成城小学校，奈良女高師附小，生活綴方教育 新教育に対する統制：川井訓導事件，自由教育研究会指止め	**学校発の授業改造** 児童を中心とした新教育の実践：沢柳政太郎，芦田恵之助，及川平治，木下竹次，手塚岸衛	**教師の質の向上** 師範学校の充実と待遇改善：予備科廃止，国庫負担金額の増額，恩給法，福利厚生の充実 戦争激化による教員不足：無試験検定による教員比率の向上
1945年頃〜1960年頃	**戦後新教育の創造** 教育制度の再構築：米国教育使節団報告書，教育基本法，学習指導要領（試案），黒ぬり教科書，教科書検定 学校教育の量的拡大：教育爆発	**自由化と拘束化** 経験主義のカリキュラム研究：コア・カリキュラム 授業実践の理論化：斎藤喜博，東井義雄，大村はま 民間教育運動：教材の自主編成，教育研究全国集会	**教師の確保と高度化** 教員養成の高度化：大学による教員養成，開放制，課程認定制度 教師の量的確保：暫定資格のみの教師の再教育，教師不足とデモシカ教師
1960年頃〜1975年頃	**教育の現代化** 教育の現代化・効率化・システム化：テクノロジー・教育メディアの活用 教育に関わる闘争：勤務評定，学力テスト，教職員組合運動，授業研究論争	**教育の科学化** 行動科学的な分析：教育目標の分類学，相互作用分析，プロトコルアプローチ 研究者と教師の共同研究：教育科学研究会，全国授業研究協議会	**教師の地位向上と効率化** 教員養成改革：目的養成化 授業の最適化と教師教育：教授スキルの解明とマイクロティーチング，CBTE 教師の役割と地位：UNESCO勧告
1975年頃〜1990年頃	**教育荒廃と管理強化** 学校の荒れ：校内暴力，いじめ，不登校 臨時教育審議会：個性重視，国際化，情報化，生涯学習 新学力観とゆとり教育：週5日制，絶対評価，支援	**実践知の解明と一般化** 認知科学的な分析：教師の意思決定，知識・信念，リフレクション 民間教育団体：教育技術の法則化運動，授業づくりネットワーク	**研修制度の充実** 行政研修の制度化：初任者研修，生涯学習体系，教員研修センター，新構想大学 教員免許法の改正：教育実習期間延長，事前事後指導，教職科目の増加
1990年頃〜2005年頃	**新学力観と学力低下論争** 教科再編：生活科，総合的な学習の時間，教科「情報」 授業崩壊：小1プロブレム，中1ギャップ 学力の国際比較：TIMMS，PISA，低い学習意欲	**実践知の伝承と組織化** 授業改善と省察：リフレクション，質的研究 授業研究と教師教育の接続：Teaching Gap 発刊，校内研究（Lesson Study），メンタリング，協調学習	**教師教育改革の強化** 大学における教員養成の意義：モデル・コア・カリキュラム，理論と実践の往還 研修強化：10年経験者研修 教師像の転換：反省的実践家，Teacher as Researcher
2005年頃〜	**教育の世界標準化** 学力から能力へ：コンピテンシー，21世紀型能力 情報化・国際化：反転授業，情報モラル，小学校英語 学校制度の見直し：6・3・3制，道徳の教科化，公共	**授業改善の持続性** 授業改善と学校文化：PLC（Professional Learning Community），組織文化 校内研究の定型化：ワークショップ型，デザイン研究 国際協力：開発教育	**実践化と実質化** 教職の高度化：教員免許更新制度，教職大学院 教員養成：スタンダード，教職実践演習，履修カルテ 教員環境の国際比較：TALIS調査

を構築する運動が展開された。

　各教師が教育内容や方法を創造する柔軟性が生まれたことにより，学習指導要領に肉付けして指導計画を作り，学習指導を行い，またその指導の結果を評価して改善するという一連の作業が求められるようになった（安彦 2009）。稲垣（1995）が，「『何を，どのように教えるのか』と『何のために，何を教えるのか』は，教育の歴史のなかで，一貫して追求されてきた主題である」と述べているが，この当時は，一時間の授業過程や指導方法よりも，その上位にあるカリキュラムの創造と改善，すなわち稲垣の言う後者に主眼が置かれていた。

　一方，戦後新教育に対しては，基礎学力の低下や，知識の系統性が軽視されていることへの批判から，「はいまわる経験主義」と揶揄する声もあった。新教育をけん引してきた「コア・カリキュラム連盟」の取り組みが学力向上につながっていないとの批判も表出されるようになり，経験主義による教育は影を潜めていった。そのようななか国は，戦後新教育の象徴であった社会科の学習指導要領を1955年に先行的に改訂し，系統主義へと舵を切った。1958年の学習指導要領改訂では，経験主義から系統主義へと教育課程が全面的に作り変えられ，また法的拘束力が強化され，現在のような公的性格が付与された。

　戦後の新教育は，10年程度の短い期間ではあるが，現在につながる教師自身がカリキュラムや授業を創造する日本独自の教育文化の礎を生み出した。また，教師と研究者の垣根を超えた民間教育研究団体が多数設立されたことにより，多様な授業研究の方法論が創造された。

2.2.2　教育の科学化・現代化と授業研究（1960年頃～1975年頃）

　教育の科学化がめざされた1950年代後半以降は，アメリカや旧ソビエト，東ヨーロッパで発展した行動科学や教育工学を基盤として，授業を科学的に捉えようとする授業研究が展開された。同時に，戦後の経験主義から系統主義へ教育内容を転換すべく，様々な民間教育団体が結成され，教材や授業方法の開発が進められた。ここでは，工学的アプローチによる授業研究と民間教育団体による授業研究に分けて概観する。

① 工学的なアプローチによる授業研究

　1960年代以降に研究者が学校へ介入し，行動科学的なアプローチによって授業を研究し始めた。そのうち教育工学の研究者が最初に取り組んだのが，授業を「設定された目標を達成するために，構成要素間に緊密な情報の授受の行われている活動体系＝システム」と捉え，構成要素を見出したり，要素間の関係や授業の全体的構造的特徴を明確にしたりする研究である（倉島 1979）。最も代表的な研究が，授業におけるコミュニケーション分析であり，Flandars, N (1968) による FIACS（Flanders Interaction Analysis Categories System）や，Hough, J. & Duncan, J. (1970) による OSIA（Observational System for Instructional Analysis）が日本に紹介された。

　コミュニケーション分析等で解明された教授スキルを，教員養成で訓練しようとする取り組みも推進された。日本における教員養成は，終戦後に新たに教育職員免許制度が設けられたものの，1970年頃までは，その前提となる教師の量的確保や地位の向上が課題となっていた。そこで用いられたのが，Allen, D. ほか (1969) によって開発されたマイクロティーチングである。教育実習を充実させるべく，事前事後指導の単位化がめざされた1970年代には，様々な大学の教員養成課程において実証研究が進められた。

② 科学的認識の習熟に焦点を当てた教育方法・教材の開発

　戦後新教育に対する批判から，1960年代に教育内容を現代化しようとする動きが活発になり，遠山啓による水道方式，板倉聖宣による仮説実験授業，高橋金三郎による極地方式などの民間教育研究団体が結成され，教材や授業方法の開発が進んだ。これら数学と科学に関する団体のみならず，日本教育方法学会 (2009)『日本の授業研究』において，「言語と教育」「科学と教育」「子どもと教育」「表現と教育」の枠組みで整理されているように，多様な研究団体が形成・発展した。当初は，時代の要請に合わせて教科内容を再編成するカリキュラム改造に重点が置かれ，授業研究は副次的であった。しかしながら，1970年代に入り学校の荒れや落ちこぼれが社会問題となるなか，子どもの学びを促すための授業のあり方を模索する方向へ主眼が移っていった。

2.2.3　認知科学の進展と授業研究（1975年頃～1990年頃）

　教育の現代化がめざされた1960年代から1970年代前半は，効率よく教育を行うため，工学的な観点から教師の教授スキルを解明し，それを教授・訓練するような取り組みが推進された。しかしながら，熟達教師の教授スキルが解明されたとしても，授業中に教師がとった行動の理由が明らかになったわけではなく，教師の状況認知や判断はブラックボックスのままであった。

　1970年代後半になると，人の高次の認知機能を研究対象とした認知科学が発展し，授業を行う教師の背後にある思考のメカニズムを解明する研究へと主眼が移り変わった。そこでは，「教師が何を知るべきか」ではなく，「教師は何を知っているのか」という実践の文脈に着目し，教師が授業の状況をどのように認知しているか，なぜそのような行動をとったのかを解明しようとした。そして，教師の教授行動を統制する「意思決定」の研究，教師が意思決定を行う背景として保持している「知識」の研究，そのような知識習得の基盤となる「信念」の研究へと深化していった。そこでは，吉崎（1988）による意思決定モデル，Shulman（1986）による教師の知識モデルなどが開発された。認知科学の視点からの授業研究は，このような教師を対象とした研究だけではなく，授業中の子どもの認知過程や情意を対象とするような研究にも取り組んだ。例えば，伏見ら（1986）は，日常生活の中で学習者が作り出す概念に着目し，その概念が授業を通していかに修正されるかに焦点をあてた授業研究を行っている。

　一方，教育の科学化や現代化をさらに進め，教師による技術を法則化・標準化しようとする運動が学校現場から生み出された。1985年に向山洋一が提唱した教育技術の法則化運動である。優れた教育技術を全ての教師の共有財産とすることをめざし，各地でサークルが展開され，その成果が刊行されるなど，全国的に広まった。一律のマニュアルで授業を行うことや，特定の基準により授業の技量を評価することに対しては批判もあるが，現在も関連する約600のサークルが全国で活動を行っている。2000年にTOSS（Teacher's Organization of Skill Sharing）という名称に変更された。

2.2.4 省察（reflection）を重視した授業研究（1990年頃〜2005年頃）

　技術的熟達者としての教師像が一般的だった1980年以前は，専門的な知識をいかに習得するかが最も重視された。もちろんこれらの知識は教師にとって重要であるが，各々の知識を記憶していれば授業がうまくいくというものではない。子どもたちによりよい学びを提供するためには，日々の実践経験を積み重ねるとともに，経験を省察し，授業中に暗黙的に行った行為の本質を取り出し，経験知として身につけていくことが重要となる。そこで鍵を握るのが，省察（reflection）である。

　reflection概念を提起したSchön, D. (1983) は，教師の仕事は確固とした理論や技術を適用するというものではなく，複雑な問題状況に身を置きながら，経験に基づく実践知を用いて実践過程を省察し，授業を創出していくところにあると捉えた。そして，状況と対話しながら瞬間的に思考し行動する「行為における省察（reflection in action）」と，事後にその意味を問い直す「行為についての省察（reflection on action）」の二つがあるとした。Schön, D. (1983) によって提起された「省察的実践家」という新しい専門職概念が，1980年代後半に日本に紹介されて以降，授業リフレクションやカード構造化法といった経験の省察を取り入れた授業研究法が開発され，教師が省察を行うことによる学習過程を解明する研究が推進されている。その多くは，授業中の授業者の思考過程を明示化することは困難なため，事後の省察（on action）を対象としている。主な授業研究法を表2-2に示す。

　教師にとっての経験や省察が重視されるのに伴い，授業研究を行う教師の「同僚性（collegiality）」や「コミュニティ（PLC: Professional Learning Community）」に注目が集まっていった。また，Stigler, L. & Hiebert, J. (1990) が，アメリカやドイツと比べて生徒中心的で発見型である日本の授業を高く評価するとともに，その理由の一つとして校内授業研究（Lesson Study：レッスンスタディ）があると紹介したことを契機に，日本の学校において古くから取り組まれてきた授業研究が脚光を浴びるようになった。

表 2-2　省察に焦点をあてた授業研究

授業研究法	開発者（年）	特徴
再生刺激法	吉崎静夫（1991）	授業中の子どもの内面過程を捉えることを主眼とする授業研究法である。授業後に授業のビデオ映像を子どもに見せ，ポイントとなる場面で考えていたこと，思っていたことを質問紙形式で訊ね，子どもの認知や情意反応を分析することを通して，授業改善につなげる。
ストップモーション方式	藤岡信勝（1991）	「授業づくりネットワーク運動」の中で生み出された授業研究法である。授業のビデオ映像を視聴しながら，鍵場面で一時停止し，その時点で授業者が考えていたこと，参観者が感じていたこと等を協議することにより，授業を立体的に見る目や授業力の向上を目指す。
カード構造化法	藤岡完治（1995）	教師が自分の言葉で授業を語ることにより，自分の授業に潜んでいる潜在構造を意識化するための授業研究法である。授業を観察して感じたことをカードに記述し，二群に分け，構造化することを通して，自らの授業の見方の特徴や傾向を意識化する。
授業リフレクション	澤本和子（1994）	教師が授業中の自分＝教師や子どもの姿を意図的に捉え，それを手掛かりに振り返りながら授業改善の方策を講じる授業研究法で，一人で行う自己リフレクション，二人で行う対話リフレクション，3人以上で行う集団リフレクションの3形態がある。
授業日誌法	浅田匡（1998）	日々の授業における具体的な状況，対象とする子ども，状況の解釈や判断，用いた手立て，手立てを用いた理由を記述・蓄積する方法で，記述をKJ法により整理・分類することで，状況の捉え方や手立てをグラフ化したり，変容過程を対象化したりすることができる。
オン・ゴーイング	生田孝至（2002）	授業中にリアルタイムで刻々と変化する事象での教師の技術過程を把握することを主眼に置き，ICレコーダ等を用いて授業中の気付いたこと等を内言し，事後に分析する授業研究法である。授業者と観察者の比較等を行うことで，見え方を比較することが可能となる。

2.2.5　授業研究コミュニティの創造（2005年頃〜現在）

　授業研究の主眼が，客観的に授業の特徴を解明することから，実践者と研究者の協働によって実践を多面的に捉えることへと移り変わるにつれ，教師同士の教え合いや学び合い，多視点から学ぶ環境をつくることに注目が集まってきた。とはいうものの，学校における授業研究は明治期からおこなわれてきているが，学校における授業研究のあり方や方法に焦点をあてた学問的研究は，それほど古くから行われてきたわけではない。

　Stigler & Hiebert（1990）が，日本の学校現場で進められてきた授業研究に注目し，それが逆輸入される形で日本に取り入れられるようになり，校内研究が教師の成長・発達にどのように寄与しているのかや，効果的な方法論が検討さ

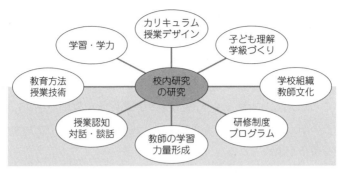

図2-3　校内研究と Lesson Study に関する研究の俯瞰図（姫野 2017）

れるようになった。日本において推進されてきた校内研究に関する研究の類型を図2-3に示す。

　学校で授業研究を行う際に近年広まってきた方法として，ワークショップ型の授業研究がある。ワークショップという用語や活動自体は古くから存在し，企業内の教育等で用いられてきたが，学校内外の研修に村川（2005）が援用したことによって，学校現場においても頻繁に用いられるようになった。学校内の研修のみならず，行政研修等においても用いられ，授業研究から学校カリキュラムの改善まで幅広く取り入れられている。

2.3　授業研究の今後に向けて

　日本には，教師同士で授業を研究する文化が脈々と受け継がれてきた。とはいえ，ベテラン教師の大量退職，若手教師の大量採用による年齢構成のアンバランス化，教育観，授業観の多様化による実践知の伝承の難しさから，教師同士で授業や教育について語る機会が減少する傾向がある。教育の地域間格差，学校間格差，教師間格差を無くそうと行政研修が増えるに伴い，これまで受け継がれてきた校内授業研究も形骸化し，一種の儀式になっているという指摘もある。これは，日本の校内研究を模して，学校における実践研究を推進し始めた諸外国とは逆の方向である。

　日本における授業研究や教師教育研究は，ここ30年近くの間，Schön, D. に

よって示された「省察」を鍵概念と位置付けて研究を積み重ねてきた。もちろん「省察」が鍵概念の一つであることに変わりはないが，「省察＝事後に振り返ること＝PDCAサイクル＝事後報告書」といった関連で捉え，「事後報告書」を義務付けることに終始してしまう場合も少なくない。「省察」を研究の落としどころにするのではなく，「省察」が授業改善や教師の学びにどのように機能するのか，また，どのような授業研究法が「深い省察」を促すのかといった研究の蓄積が求められる。

　このような「省察」の質に焦点をあて，これまで対象化できなかった授業中の省察（in action）を捉えようとする研究も，徐々に進みつつある。姫野（2016）は，授業者にウェアラブルカメラを装着してもらい，授業者の視線で撮影した映像を活用してリフレクションを行う「主観カメラによる授業研究法」を開発し，教師の授業中の「みえ」や思考過程を解明している。生田ほか（2018）は，360°カメラで撮影したVR授業映像を活用し，観察者が見たい対象に自由に視線を向け，リアリティに近い感覚で観察可能な授業研究を試行している。

　授業と授業研究が明治期に始まって140年あまり，学問としての授業研究が始まって70年あまりで蓄積されてきた授業研究の知見と，AIやビッグデータ等の未来志向の授業研究を融合し，真に子どもと教師の学びに寄与する授業研究法が開発されることが期待される。

引用・参考文献
安彦忠彦（2009）「カリキュラム研究と授業研究」日本教育方法学会編『日本の授業研究』学文社，11-20.
Allen, D., & Ryan, K. (1969) *Microteaching*, Addison-Wesley.
浅田匡（1998）「自分の授業を見直す――授業日誌法の活用」浅田匡・生田孝至・藤岡完治編『成長する教師』金子書房，147-160.
Flanders, N. (1968) "Information analysis and in-service training," *Journal of Teacher education*, 37: 126-133.
藤岡完治（1995）「授業者の『私的言語』による授業分析――カード構造化法の適用」水越敏行監修，梶田叡一編『授業研究の新しい展望』明治図書，42-57.
藤岡信勝（1991）『ストップモーション方式による授業研究の方法』，学事出版.
伏見陽児・麻柄啓一（1986）「図形概念の学習に及ぼす発問系列の違いの効果」『東

北教育心理学会』1，1-9.
Hough, J. & Duncan, J.（1970）*Teaching: description and analysis*, Addison-Wesley.
姫野完治（2016）「教師の視線に焦点を当てた授業リフレクションの試行と評価」『日本教育工学会論文誌』40(Suppl)：13-16.
姫野完治（2017）「Lesson Study と教育工学の接点」小柳和喜雄・柴田好章編『教育工学選書Ⅱ Lesson Study（レッスンスタディ）』ミネルヴァ書房，188-207.
姫野完治・生田孝至・三橋功一（2016）「授業研究の系譜」生田孝至・三橋功一・姫野完治編『未来を拓く教師のわざ』一莖書房，189-196.
生田孝至（2002）「オン・ゴーイングによる授業過程の分析」野嶋栄一郎編『教育実践を記述する』金子書房，155-174.
生田孝至・内山渉・丸山祐輔・後藤康志（2018）『VR 授業映像を用いた授業研究の試み』日本教師学学会第19回大会：80-81.
稲垣忠彦（1995）『授業研究の歩み 1960-1995年』評論社.
稲垣忠彦・佐藤学（1996）『授業研究入門』岩波書店.
木下竹次（1923）『学習原論』目黒書店.
三橋功一（2003）「日本における授業研究の系譜図の概観」『日本における授業研究の方法論の体系化と系譜に関する開発研究』，平成12年〜14年度科学研究費補助金基盤研究（B）（1）研究成果報告書（研究代表者 松下佳代）：7-23.
諸葛信澄（1873）『小学教師必携』.
日本教育方法学会（2009）『日本の授業研究（上）』学文社.
及川平治（1912）『分団式動的教育法』弘学館.
澤本和子・お茶の水国語教育研究会（1996）『わかる・楽しい説明文授業の創造 - 授業リフレクション研究のススメ』東洋館出版社.
Shulman, L. S.（1986）"Those Who Understand: Knowledge growth in teacing," *Educational Researcher*, 15(2): 4-14.
Schön, D. A.（1983）*The Reflective Practitioner: How professionals think in action*, Basic Books.（柳沢昌一・三輪健二監訳（2007）『省察的実践とは何か：プロフェッショナルの行為と思考』鳳書房.）
柴田義松（1993）「授業」『現代学校教育大事典』ぎょうせい，64-65.
倉島敬治（1979）「授業分析」東洋・坂元昂・志方守一・永野重史・西之園晴夫編『新教育の事典』平凡社，439-445.
Stigler, J. W. & Hiebert, J.（1999）*The Teaching Gap: Best Ideas from the world's teachers for improving in the classroom*, The Free Press.（湊三郎訳（2002）『日本の算数数学教育に学べ——米国が注目する jugyo kenkyuu』教育出版.）

田中義廉・諸葛信澄（1875）『師範學校　小學教授法』.
田中耕治（2017）『戦後日本教育方法論史（上）』ミネルヴァ書房.
若林虎三郎・白井毅（1889）『改正教授術』.
吉崎静夫（1988）「授業における教師の意思決定モデルの開発」『日本教育工学雑誌』12(2)：51-59.

第3章
授業研究のアプローチ

浅田　匡

3.1　授業研究はどう捉えられているか

　授業研究は "Lesson Study" と広く認知されている。Lesson Study とは，教室をベースとし，授業に限定された協働的な教師の専門的（職能の）学習の方法である。それは，現職教育において教師の職能発達をいかに支援するかという課題への1つの解決策と捉えられた。しかしながら，授業研究は教師の専門性の学習の方法というだけではない。スーとペダー（Xu, H. & Pedder, D. 2015）のレビューによると，教師と児童生徒が授業で直面する問題解決のストラテジーとして行われてきた日本での授業研究や1950年代に訓練を受けていない多くの教師の学習の方法として教育省によって推進された中国の授業研究が Lesson Study のはじまりであるとされる。授業研究のねらいは授業の改善にあったり，授業研究が現職教育の方法として行われたり，必ずしも教師同士の協働ということが重視されたわけではなかった。

　教師間の協働による教師の学習が重視されたのは，スティグラーとヒーバート（Stigler, J. W., & Hiebert, J. 1999）によるアメリカと日本との数学学力の差がそれぞれの授業のあり方に原因があり，Lesson Study のような教師の協働の有無が授業のあり方の差異を生み出しているとの指摘による。具体的には，アメリカの授業は教師が明確な数学の解決手続きを示し，児童生徒は無批判にこの手続に従い，理解できたかを問う問題にそれらの手続きを適用するということが特徴である。一方，日本の授業は児童生徒が数学的に思考することを促し様々な解決方法を確かめることを中心とする学級としての課題が設定されると

いう特徴を持つが，それは協働して専門的知識を発達させ，授業実践を改善するLesson Studyによると指摘された。すなわち，効果ある授業の改善や教育改革を進めるためには，Lesson Studyのような教師間の協働を促進する必要があると主張した。この協働ということをより具体的に示したのが，ダドリー（Dudley, P. 2015）である。3回の研究授業のサイクルによる授業研究を示し，教師が持つ実践知（授業に関する暗黙知）の共有のためには，協働することが不可欠であることを示している。Lesson Studyという協働の場が，教師の学習を促進するのである。ルイス（Lewis, C. 2009）もLesson Studyにおける協働の重要性を述べている。

　この協働という観点から，我が国ではワークショップ型研修が広く行われている。村川（2016）によるワークショップ型研修の特徴は，① 個々の教師が解決すべき課題に主体的に向き合い，同僚や参加者との協議を通してよりよい解決策を見出すアクティブ・ラーニング，② 参加者が「共通理解を図る」「各自が持つ知識や体験，技能を生かし繋げ合う」「具体的なアクションプランを作り実行に移す」「絶えず問題を見つけて改善を図る」「互いに学び合いの力量を高め合う」ということがワークショップの形態やプロセスに内在すること，③ 授業研究を活性化する研修，④ 教員一人一人が経験年数，専門性を超えて知識や技能を持ち寄り生かし合い，繋げ合い，形にしていく研修，である。ワークショップのファシリテータや企画者による新たな視点の提示などの役割が必ずしも組み込まれているわけではない。ワークショップ型研修とは，形骸化し，教師が受動的になりがちであった校内研修において能動的な参加を促進するLesson Studyの一形態と捉えられるだろう。

　したがって現代において，授業研究は教師の学習あるいは職能発達を促進する方法として，教師同士の協働を核とした学習システムと捉えられていると考えられる。

3.2　授業をどう捉えるか

　教師の職能発達における協働が重視され，Lesson Studyがグローバルに行

われるようになってきたが,「授業とは？」という根本的な問いが Lesson Study ではなされていないように思われる。授業を研究しようとすれば，それは複雑で混沌とした状況あるいは事象であるために授業をどう捉えるかは，授業研究の結果を解釈することに決定的な影響を与える。

これに関して西之園（1988）は，授業の過程の捉えを4つのアプローチに整理している。それは，現象学的アプローチ，教育技術的アプローチ，行動科学的アプローチ，システムズ・アプローチである。それぞれのアプローチは「授業とは？」という問いに対して，それぞれのアプローチが授業のどの様相を問題とするのか，あるいは重視するのか，ということを明示することによって授業をどう捉えるかを示していると考えられる。

3.2.1 現象学的アプローチ

現象学的アプローチとは，教師の内観の記述と授業の「見え方」を問題とする。すなわち，教師が授業過程あるいは子どもをどのように認知しているか，を重視する。そのため，個別の授業の綿密な記録をとり，それを読み込んでいくという手法が中心となる。それは授業における教師の「私」の授業理解，個人的経験を重視するということである。したがって，教師や子どもの授業での活動の観察と教師による内観報告とを併せて教師や子どもの観察可能な行動からその背後にある思考活動や認識活動という内面を捉えようとする。しかしながら，観察とは基本的に教師の教授行動や子どもの学習過程，あるいは教師と子どもとの相互作用を研究者（観察者）の存在とは独立に生じていると考えられる。

このことに関連して，中田（1995）は授業を現象学的に解明することについて M. ブーバーらの概念に基づき，授業を「観察」するということを捉え直し，「照察」と「感得」との授業研究における重要性を示している。「照察」とは授業という現象を「一つの存在」として研究者（観察者）が経験することである。すなわち，個人的な感じ，主観的印象ということが，研究者が授業を捉える際に重要な役割を果たしている。例えば，「緊張感のある授業」「しまりのない授業」「子どもが楽しそうな授業」など，校内研修でよく耳にする教師の言葉に現

れていることである。このことは，研究者が授業という場を経験している一人ひとりの子どもが研究者に向かって〈何かを語る〉と表現される，例えば「生き生きしている」「飽きている」など研究者自身がその場で主観的に感じられた子どもの存在そのものの記述（人間的述語による記述）である。これが「感得」ということである。授業を観察することによっては捉えられないが，観察者の内面の表現でしかないもの，それは一見すると観察者の個人的な感じや主観的印象でしかないと考えられるが，授業という事象の普遍的な本質の表現となることがあるだろう。このことは，木村（1975）によればひとりの分裂病に徹底することによって，その個別の事例において分裂病一般が説明できるということと同様である。したがって，現象学的アプローチにおいては研究者自身が観察している授業を研究者自らが生きることによって感じられた表現が「よい授業」であり，なんらかの客観的な手続きによって，ある基準に照らした「よい授業」ということはないのである。

このことに関連して吉田（1975）は，「授業は客観的な事実として存在するだけにとどまらず，その場に参加している教師と学習者とによって創造されたものである。教師も学習者も自らの価値観をもち，感情を抱いている。そうした主観的な態度は客観性を重視する自然科学や第三者としての観察者の目を必要とする社会学や心理学の研究態度とも異なっている。この問題を解決するためには，教育研究者と教師とが共通する価値観を分かち合うことによって授業過程を正しく認識できるだろう。」と述べている。

3.2.2 教育技術的アプローチ

教育技術を教師の判断過程とみなし，教師の有する教育技術レパートリーと教師の意思決定を問題とするアプローチである。教師の有する教育技術レパートリーは，仮説実験授業や極地方式研究会にみられた指導書という形で表現されてきた。また，教育技術の法則化運動として，経験的に有用であるハウツーを教育技術として組織的に集め，それを指導書として表現し利用できる形としてきた。いずれにしても，教育技術とは何かということが明らかではない。他方，意思決定過程の概念モデルからのアプローチでは，授業あるいは単元全体

を構成する際に行われる熟慮的意思決定と授業過程における相互作用的意思決定の2つの意思決定が問題とされてきた。

一例として，吉崎（1988）による相互作用的意思決定モデルをみてみよう（図3-1）。吉崎はこのモデルの特徴として，① 授業計画と授業実態との比較を通して教師の認知するレベルのズレの程度とその原因に応じて，3つの意思決定過程（許容範囲内，マネジメントによるズレ，授業内容によるズレ）が仮定されている，② 教師の意思決定と授業ルーチン，授業に関する知識との関係が

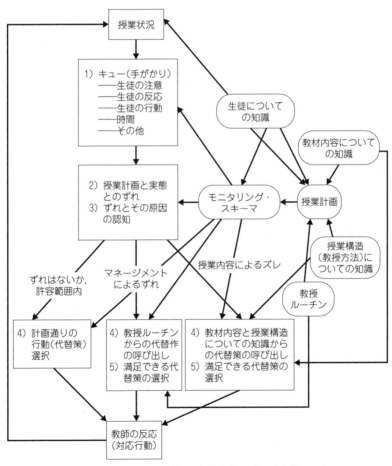

図3-1 授業における教師の意思決定モデル（吉崎 1988）

記述されている，③ 教師の授業計画と相互作用的意思決定との密接な関係が示されている，の3点を挙げている．これらは，教師が授業計画と授業状況とのズレを認知し，それをどのように判断し次の教授行動を決定するかというプロセスを示している．すなわち，授業における教師の行動は，具体的な状況における判断過程を含んでいると考えてよいだろう．さらにこのモデルは，判断過程に影響を与える要因として，教師自身が持つ授業に関する知識や学級経営，また熟慮的意思決定の成果としての授業計画が示されている．

したがって，授業の教育技術的アプローチにおいて教育技術を用いることができるとは，教師の判断過程，あるいは授業をどのように認知するか，が問題となる．このことは，反省的実践家といわれる教師像における省察（リフレクション）研究と結びついていくことになる．

3.2.3 行動科学的アプローチ

授業における教師や児童・生徒の観察可能な行動を記録し分析するアプローチである．このアプローチでは，授業過程を教師あるいは児童生徒の行動の変化の過程と捉え，授業の特徴を記述することを目的とする．よく知られたアプローチとしては，FIACS (Flanders Interaction Analysis Categories System) や OSIA (Observational System for Instructional Analysis) などの授業のカテゴリー分析がある．カテゴリーは授業分析の目的に応じて多様であるが，共通することは授業の言語記録あるいはビデオ記録に基づきカテゴリーによるコーディング，さらにカテゴリー間のつながり（推移マトリクス）から教師あるいは学習者の行動の系列化を図り，それらの行動の系列化を授業の構成要素とし，授業がどのように構成されているかを分析するということである．つまり，授業を系列化された行動により構成された営みとし，その構成の違いが児童・生徒の学習成果の違いを生み出すというプロセス・プロダクトモデルに基づいた授業へのアプローチと捉えられる．しかしながら，授業のカテゴリー分析は，授業における法則性を明らかにするアプローチではない．開発されたカテゴリー・システムの分析のねらいにしたがって研究対象とした授業を説明あるいは理解することにとどまるアプローチである．さらに，分析し抽出された授業のパターンを比

較することを介して，その授業の理解をさらに深めるのである。このように授業分析の結果を限定的に捉えようとするのは，授業はあまりにも個性的な現象であり，授業を構成する要素もあまりにも多様であるという授業の捉えがその前提にあるからである（加藤 1977）。この授業の固有性あるいは状況依存性ということを踏まえながら，授業のパターンあるいは授業の系列化におけるカテゴリー分析ということを考えてみたい。西之園（1988）は，カテゴリー分析から行動の系列（授業分節）を抽出し，それを時間的順序に並べることを系列化と呼び，授業はその系列化された授業分節によって構成されるとした。しかしながら，すべての学習者に唯一最適な授業分節は存在せず，個々の学習者を考えるならば代替案である授業分節が存在する。そうであるならば，カテゴリー分析において指示，発問，説明などの教師行動の分類カテゴリーと応答，自発的発言，質問などの学習者行動の分類カテゴリーによる行動科学的アプローチにおいて学習者個々ではなく，群（集団）として分析することは個々の授業を説明あるいは理解することになるだろうか，と問題を提起した。授業という事象の複雑さに対するカテゴリー分析の限界を考える必要がある。この問題に対して西之園（1988）が提案した授業の流れと行動の記録の方法は，授業を記述できたとしても，教師と学習者の相互作用を踏まえてどのような系列化を行っていくのか，が示されてはいない。授業を記述するということの困難さを示していると言えよう。

3.2.4 システムズ・アプローチ

授業の設計・実施・評価を一貫したシステムとして授業を再現性ある事象と捉えるアプローチである。現象学的アプローチとは異なり，授業設計段階において決定された児童生徒の学習過程，つまり，「易しいことから難しいことへ」，あるいは「単純なことから複雑なことへ」といった教師による授業における系列化が授業の実施段階では問題とされる。したがって，計画→実施→評価→計画の修正あるいは教授行動の変更というフィードバック……という PDCA（Plan → Do → Check → Action）サイクルによる授業改善を図っていく。このアプローチでは授業をシステムと捉えるという考え方が基盤となる。授業は，教師，

児童生徒，教材の3つの構成要素からなる。具体的には，授業目標，教材，メディア，学習活動，指導法，施設・設備，学習形態，教授形態，児童生徒の実態（特性），教授者の特性，評価，時間配分等が主たる授業の構成要素であり，それらをどのように目標達成のために最適に組み合わせるか，が問題となる。したがって，授業設計の段階において教師がどれほど児童生徒の学習あるいは思考過程を予測し詳細な指導案を立てることができるか，という教師自身の授業設計の力量が鍵となる。

しかしながら，PDCAサイクルの考え方は厳密には授業に当てはまるわけではない。それは，PDCAサイクルによる授業改善のプロセスには，授業者自身の変容が組み込まれているからである。すなわち，授業改善のプロセスは，授業者自身の成長のプロセスの一部として捉えなければならない。すなわち，システムズ・アプローチにおいて前提となっている授業の再現性は必ずしも高いわけではなく，教師自身の授業設計の力量あるいは授業認知とそれに基づく評価の力量といったことに授業は大きく規定されるのである。したがって，授業は個別性が高く，PDCAサイクルに基づいたシステムとしての授業という捉え方には限界があると考えなければならないだろう。

3.3 授業研究がめざすこと

このように授業へのアプローチをみてみると，授業研究は教師の成長と切り離して考えることはできない。敢えて言うならば，教師自身の態度や価値観といったことを問題とせざるを得ないのである。藤江（2014）による授業研究のレビューにおいて授業研究の目的として，(1) 質の高い授業を追究するために，授業の諸過程を明らかにすること，(2) 子どもの学習を深め，授業づくりにおける問題解決のために，授業の開発をする，(3)「教師は事例から学ぶ」といわれるように，教師の学習の契機の創出，の3つが挙げられている。Lesson Studyが世界的に拡大しているのは，(3) の教師の学びの場として，社会的構成主義の学習観と結びついて強調されたからであろう。この授業研究の動向は，授業研究が，授業自体が持つ特性，すなわちその個別性から授業の諸過程を明

らかにし，何らかの質の高い授業の原理・法則を見出そうとする，科学的なアプローチが授業研究においては甚だ困難であることを示しているのではないだろうか。そうであるならば，授業研究がめざすことを見直すことが必要である。ここでは，システムズ・アプローチに基づく授業システム開発（Instructional System Development）モデルと藤岡（2003）による臨床的教師教育の考え方から，授業研究がめざすことを考えてみたい。

3.3.1 授業システム開発モデル

テニソン（Tennyson, R. D. 1999）によると，PDCAサイクルに基づく授業開発は1940年代より授業研究の分野においても機能し，1970年代以降テクノロジーの活用とともに大きな役割を果たしてきた。しかしながら，その方法論の特徴が静的であるためにその役割は小さくなっていくという問題が指摘された。PDCAサイクルの静的な特徴とは，授業の目標をまず決定し，それに基づいて授業過程をつくり，実施・評価し改善するというプロセスであり，このプロセスにおいては特定の授業での学習に関する問題やニーズを扱うことが十分にできないということである。この問題に対して，テニソンはシステム・ダイナミック理論に基づく授業システム開発モデルを開発した（図3-2参照）。

このアプローチは，ある特定の教授学習状況に基づいて固有の学習の問題やニーズへの解決策を提案するダイナミックなプロセスを特徴とする。具体的には問題やニーズと授業開発（Instructional Development）という解決プランとが往還する，連続的な相互作用が組み込まれている。したがって，このモデルは，① 状況の評価（situational evaluation），② ダイナミックな相互作用（dynamic interaction），③ 知識ベース（knowledge base），の3つの要素から構成される。状況の評価とは，学習の問題やニーズを評定し，同時に授業開発による解決プランを準備するための必要な情報を提供する。ここでの成果はどのように授業開発を進めるか，という方向性を出すことである。ダイナミックな相互作用とは，開発された授業による解決プランの実行と運営である。最後に，知識ベースとは学習環境を構成していくために必要とされる概念や学習環境を構成する手続きを含むものである。したがって，授業システム開発モデルは，授業あるいは

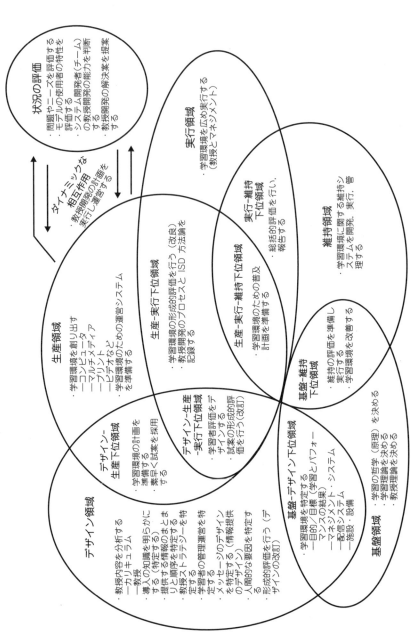

図 3-2　授業システム開発モデル (Tennyson 1991)

40　第Ⅰ部　授業研究の基本

単元の目標を決定し，それに基づいて教材や学習活動，評価法などを決定していくのではなく，どのような子どもに，どのような学習環境で教えるのかといった具体的な状況を分析し，そこで生じるであろうリスクも想定しながら，授業による解決プランを開発，実行するということになる。学習環境の構成も含めて，授業という状況を創り出すことが授業システム開発と捉えることができるだろう。したがって，開発された授業システムは特定の状況に対応するという意味で独自なのである。

3.3.2 臨床的教師教育における授業研究

藤岡（2003）は，中村雄二郎による「臨床の知」の考え方を踏まえ，教師による教育実践研究を促進し自らの教育実践を自覚的に対象化し，そこから実践的な知見を見出し表現していくことを支援する教師教育のあり方として臨床的教師教育を提案した。そこでは，Lesson Study と同じく，教師自身の成長のための授業研究を問題としている。具体例として，「わからない」とする子どものとらえは，子どもに理解力がないということではなく，授業者の意図と違った表現をする子どもに対して，教師自身がわかっていないと授業者が捉えることができるといった授業研究である。ここでは教師自身の言葉（私的言語）による自らの授業を対象化し，授業に関わる知を引き出すことが，授業を研究することであると位置づけられる。

このような授業研究をするためには，参加観察，授業者の内観記録，授業リフレクション，授業アセスメントなどの方法（ツール）が必要であるとされる。例えば，参加観察とは子どもたちと同じ机，同じ椅子に座り，一緒に授業に参加し一緒に遊ぶ，その中で客観的に確認できる言語的，非言語的事象を観察メモに記録することである。すなわち，授業における子どもの生活過程に棲み込み，状況の情報や時間の流れを捨象することなく，観察された場面を言語によって再構成する作業が参加観察である。このようなツールの1つがカード構造化法である。この方法は，次のような手順で進められる（藤岡 1998）。

a．授業の観察：実際の授業に参加，あるいはビデオ記録を視聴。
b．印象カードを書く：授業観察の後，全体としての印象を単語あるいは短

文で表現する。
c．関連カードを書く：授業に関して次々と思い浮かぶことを一枚一項目で書き落とす。個人の「感じ」，個人の「表現」を大事にする。
d．関連カードの分類とラベリング：すべてのカードを単なる類似の度合いに基づいて2群に分ける。その後それぞれの群にその群を代表する見出し（ラベル）をつける。
e．d．の作業で分けた1つをさらに二分しそれぞれにラベルを貼る。またその1つを二分しそれぞれにラベルを貼り，分けられなくなるまで続ける。残りの1つも同じように二分しラベルを貼る。
f．印象カードを中央に置いてd．で得られたラベルを，次元を揃えて展開し，ツリーを作成する。
g．ツリーをもとに，ラベルとラベルの類似，背反，相関，原因＝結果などを線で結びながら構造化し考察する。
h．4，5名のグループで互いにツリー構造図を共有し，共通性，再生について話し合う。
i．以上のプロセスを振り返って，自分の授業の見方について省察する。

ここでのポイントは，教師自身あるいは授業分析者自身の経験に基づくということである。現象学的アプローチを反映していると考えられるが，印象カードおよび関連カードを書くことは，自らの（教師としての）生活過程を丸ごと背負ったことばによる表現である。これを藤岡は「私的言語」と呼んでいるが，私的言語によって観察者の内面が表出されるのである。

また，ツリー構造図に基づく話し合いは，授業分析者間にずれを創出し，それぞれの授業経験の個性的な記述の相対化を図ること，さらに他者の視点が提供されることによって，自らの授業の見方（枠組み）と経験した授業の事象とのずれ（不一致）の可能性を保障している。このことは，G. A. ケリーのパーソナル・コンストラクト・セオリー（PCT）における「小さな科学者」という考え方に近く，それによって自らの授業に関する考え方などが変容する契機を保障していると捉えられる。現象学的アプローチをより体系的に構成した，教師自

身の成長をめざした授業研究の方法であろう。

　ここで取り上げた2つのアプローチは，授業研究の目的として示された，(2) 子どもの学習を深め，授業づくりにおける問題解決のために，授業の開発をする，と (3)「教師は事例から学ぶ」と言われるように，教師の学習の契機の創出，にそれぞれ対応している。そこには，授業研究における授業の個別性ということが通底している。言い換えれば，(1) 質の高い授業を追究するために，授業の諸過程を明らかにすること，を授業研究の目的とし，その結果，すぐれた授業の開発を導く法則やルールを明らかにするということはかなり難しいということを意味しているのである。

3.4　あらためて授業研究をすすめるために

　授業研究のアプローチの概観から，授業を研究することとは，「何のために」「どのように」ということだけではなく，授業という現象をどのような視点から捉えるのかということを明確にしておかなければならないだろう。このことは，一人称研究，三人称研究ということに関連する。表3-1は，教育実践研究の主要なタイプである（梶田 1995）。このタイプによれば，授業研究のアプローチにおいて，授業という事象の固有性のために一人称研究という側面を無視できないだろう。

　また，授業の当事者研究ということがある。鹿毛ら（2016）は，① 当該授業者の独自の思いや考えが尊重されている，② 授業中の子どもに関する観察事実に基づいた協議が固有名を用いて行われ，個々の子どもの学習が個性として尊重されている，③ 研究の運営やテーマの選定が自主的である，④ 当該学校を基盤とした研究体制である，⑤ 同僚間で授業づくりをサポートし合う体制である，という特徴を有する，当事者型授業研究を提案している。すなわち，個々の教師の専門性を向上させることを目的とした，教師同士の協同的な協議（学び合い）を通じた授業者，子ども，教師集団を当事者として最大限尊重する授業研究の一形態である。しかしながら，このアプローチは当事者研究というよりも一人称研究と考えられる（表3-1参照）。授業研究が授業を開発するにせ

表3-1 教育実践研究の主要タイプ（梶田 1995）

	〈探索研究〉 この事柄は一体どうなっているのか	〈検証研究〉 この事柄に関し何をどう確認するか	〈開発研究〉 この事柄の改善のため何を創出するか
〈1人称アプローチ〉 →教師である私は →学習者である私は etc.	○自分の実践過程の見返り（実践記録） ○自分の学習過程の見返り	○自分の実践過程について何らかの仮説検証を試みる ○自分の学習過程について何ら力の仮説検証を試みる	○自分の実践に役立つ教材・教異等を工夫して作り出す ○自分の学習に役立つ教材等を工夫して作り出す
〈2人称アプローチ〉 →あなたは教師として or あなたの授業は →あなたは学習者として or あなたの学習は etc.	○親しい教師の実践過程について資料を収集・整理する ○親しい誰かの学習過程について資料を収集・整理する	○親しい教師の実践について何らかの仮説検証を試みる ○親しい誰かの実践について何らかの仮説検証を試みる	○親しい教師の実践のために教材・教具等を作り出す ○親しい誰かの学習のために教材等を作り出す
〈3人称アプローチ〉 →一般に教師 or 授業は →一般に学習者 or 学習は	○教師あるいは実践について何が問題か資料を検討する ○学習者あるいは学習について何が問題か資料を検討する	○教師あるいは実践について何らかの仮説検証を試みる ○学習者あるいは学習について何らかの仮説検証を試みる	○どの教師にも役立ちそうな教材・教具等を工夫し作り出す ○どの学習者にも役立ちそうな教材等を工夫し作り出す

よ，教師自身の学習の契機になるにせよ，授業の個別性に基づく一人称研究というアプローチだけでは限界があるのではないだろうか。それは，一人称研究が授業者自身の省察（リフレクション）を問うことになるからである。一人称である授業者自身がリフレクションをうまくできなかったとすれば，一人称研究は成立しないだけでなく，リフレクションがうまくできなかった授業自身にさらなるリフレクションによる授業の改善を求めていくことになる。すなわち，授業者自身にリフレクションすることを強いて，その省察を行えることによってはじめて一人称研究が成立することになる。したがって，一人称研究，リフレクションによる授業研究は，授業者自身にとってネガティブな結果をもたらす面もある。

このような一人称による授業研究の問題点に対して，授業研究を介してキャ

パシティを培うモデルをルイスら（Lewis, C. et al. 2003）が提案している。キャパシティとは，教えるための知識，授業研究の知識，新しい知識を実践に活用する動機や効力感である。このキャパシティを教師が獲得，発達していくために，教師自身の教室の文脈，授業研究集団の状況や相互作用及び活動，学区や学校の文脈，そして利用できる専門的なリソース（知識豊かな他者や教材など），これら4つのことが互いに関連して研究授業と日常の教室実践とが結びついて

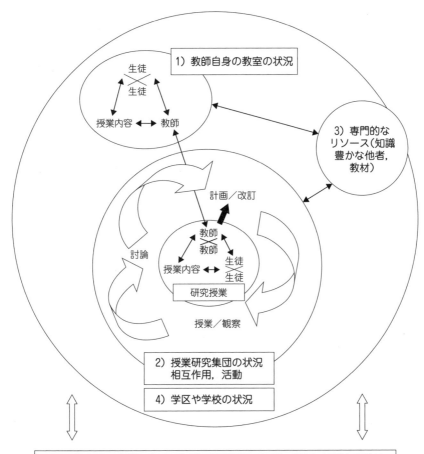

図3-3 授業研究を介したキャパシティの学び（Lewis et al. 2003）

機能するのである（図3-3）。日常の教室での実践における生徒同士の相互作用は授業成果に大きく関わる要因であり，研究授業における教師同士の相互作用も授業成果に寄与する。研究授業の設計段階では授業内容が検討されるが，そのことによって新しいアプローチ（指導法など）を生み出すことになるだろうし，事後検討会の討論の場で生徒の学習を教師同士が検討することによって新しい授業の方法が生み出されるかもしれない。すなわち，教師自身の一人称による授業へのアプローチを教師同士の協働，教師と生徒との協働ということによって，授業への新たなアプローチを生み出すことを可能にしているといえる。

　また，P. ダドリー（2015）は，授業研究における教師の学習のキーワードは対話と討論（Talk & Discussion）であるとし，仮説を立てること（Hypothesising），伝えること（Passing on），授業での対話を復唱すること（Rehearsed lesson dialogue）が鍵となるという。これらは，授業中における教師の行為の多くは無意識に自動的に行われているため，教師の無意識の行為（暗黙知）を評価し共有するために必要なのである。「仮説を立てる」とは，"何が生徒の学習を改善するのか？"，"参観した授業において何が生徒の学習を改善したか？" といった問いへの説明的な対話において教師は仮説を立て，それを検証する時，自分自身の信念や実践を変えるということにオープンマインドになるということである。「伝えること」とは，同僚との構造化された会話や職員会議等でのプレゼンテーション，実践報告を事例研究として書く，など授業研究において獲得された知識や洞察を他の教師が自分の教室で実践することができるように伝えることである。最後に「授業での対話を復唱すること」とは，参観した教師が，授業実践者の役割になること（in role）により，あたかも教室であったかのような感情を経験し，復唱された教室の対話を聞くことができ，自然な暗黙の教師としての反応を表すことができる。これらの授業研究における教師の活動は，一人ひとりの教師の持つ授業に関する暗黙知を評価し，教師間で共有するためのものである。

　さらに，グローバルに授業研究をレビューしたスーとペダー（Xu, H. & Pedder, D. 2015）は，「授業研究（Lesson Study）は，一般には3人から7人程度の教師集団で協働して行う。その手続きとして，（授業）設計－授業／観察－評価－授

業の改善案というサイクルにしたがい，児童生徒の学習を支援する改善された方法を作り出す。この意味で授業とは，教師の協働により創られた作業仮説である。その仮説は，児童生徒の学習において固有の問題に関連して彼らの学習を支援する最善の方法についてのものである。そして，事前・事後検討会では，授業で観察されたエビデンスと参加している教師の集団の見方に基づいて授業（仮説）が批評され洗練される。このように行われる授業研究は，教師の学習と教室での授業実践の改善に役立つのである。すなわち教師は，自らの学習に対してより意識的に協働的に，そして実践に基づくアプローチを行うことができる。」と述べ，授業研究のモデルは専門的学習（professional learning）の質を高め質の高い授業づくりを行うためのストラテジーとしていかに有用であるかが問われるとする。

　したがって，授業研究をすすめるとは，一つ一つの授業が固有であり独自であるという特徴を前提とし，個々の固有な授業実践に表出される，一人ひとりの教師の暗黙知を，教師同士の協働による批判，検討を通して共有し，また新たな授業に関する知識を生み出すことになるのではないだろうか。しかしながら，この授業研究のプロセスが成立するためには，学校として子どもをどう育てたいのか（学校教育目標），学校としてどのように育てようとするのか（指導法など），また学校の施設・設備の状況，あるいは学校の地域性といったことを組み込んだ学校研究という体制が必要である。すなわち，授業実践をある

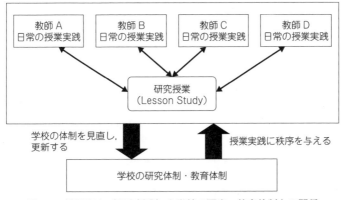

図 3-4　授業研究（研究授業）と学校の研究・教育体制との関係

意味規定している制度や信念，価値観という基本的なことが研究体制として成立してはじめて，学校の教育実践に秩序が成立すると考えられる。その体制のもとで，一人ひとりの教師の多様性，子どもの多様性，授業の多様性を認め，それによって学校研究という体制そのものも見直すことができるということになるだろう。授業研究をさらにすすめるとは，教師同士，あるいは教師と子ども，さらには教師と地域との協働によって，一人ひとりの教師の専門的な学習を促進するだけでなく，授業実践を支える学校研究体制を見直していくということである（図3-4参照）。

引用・参考文献

Dudley, P.（2015）"How lesson study works and why it creates excellent learning and teaching," in Dudley, P.（ed.）*Lesson Study: Professional learning for our time*, Routledge.

藤江康彦（2014）「授業研究」『児童心理学の進歩』53：26-46.

藤岡完治（2003）「臨床的教師教育とそのツール・コンセプト・システム」『日本教育工学会論文誌』27(1)：49-59.

藤岡完治（1998）「自分のことばで授業を語る　カード構造化法」浅田・藤岡・生田編著『成長する教師——教師学への誘い』金子書房，117-133.

鹿毛雅治・藤本和久・大島崇（2016）「「当事者型授業研究」の実践と評価」『教育心理学研究』64：583-597.

梶田叡一（1995）「教育心理学研究者は実践現場とどう関わるか」梶田叡一編『教育心理学への招待』ミネルヴァ書房，223-236.

加藤幸次（1999）『授業のパターン分析』明治図書出版.

木村敏（1975）『分裂病の現象学』弘文堂.

Lewis, C.（2009）"What is the nature of knowledge development in lesson study," *Educational Action Research*, 17(1): 95-110.

Lewis, C. et al.（2003）"Lesson study and teacher's knowledge development: Collaborative critique of a research model and methods," Presented paper in Annual Meeting of the American Educational Research Association in Chicago.

村川雅弘（2016）『ワークショップ型教員研修　はじめの一歩』教育開発研究所.

中田基昭（1995）「授業の現象学的解明について」『教育方法学研究』21：1-9.

西之園晴夫（1981）『授業の過程』第一法規.

西之園晴夫 (1988)「授業の流れ」東洋・中島章夫監修授業技術講座1　基礎技術編『授業をつくる：授業設計』ぎょうせい，111-158．

野口裕二 (2018)「当事者研究が生み出す自己」小林多寿子・浅野智彦編『自己語りの社会学』新曜社，249-269．

Stigler, J. W., Hiebert, J. (1999) *The Teaching Gap: Best Ideas from the world's teachers for improving in the classroom*, The Free Press.

Tennyson, R. D. (1999) "Instructional Development and ID^4 Methodology," *Performance Improvement*, 38(6): 19-27.

Xu, H., Pedder, D. (2015) "Lesson Study: An international review of the research," In Dudley, P. (ed.) *Lesson Study: Professional learning for our time*, Routledge.

吉田章宏 (1975)『授業の心理学をめざして』国土社．

吉崎静夫 (1988)「授業における教師の意志決定モデルの開発」『日本教育工学雑誌』12(2)：51-59．

第4章
教員養成における授業研究

永田智子

4.1 教員養成における授業研究の目的

　教員養成課程の学生が子供を対象に実際の授業をするのは，いわゆる「教育実習」くらいであろう。筆者の所属する兵庫教育大学では，1年次から4年次までの間に様々な教育実習[1]を経験するが，3年次に初めて子どもに対する授業を行う。授業前には，実習生仲間と協力し，クラス担当教員に指導を仰ぎながら学習指導案を作成する。作成した学習指導案に基づき研究授業を行い（図4-1），授業後，実習生仲間やクラス担当教員とともに，検討会を行う（図4-2）。こうした一連のプロセスは，レッスンスタディとも呼ばれる，日本の学校現場で伝統的に行われている「校内での授業研究（研究授業）」とほぼ同じである。
　第1章で吉崎は授業研究の目的は，① 授業改善のため，② カリキュラム開発のため，③ 教師の授業力形成のため，④ 授業についての学問的研究の発展のために，の大きく4つがあると述べている。しかし教育実習くらいでしか実

図4-1　教育実習における研究授業

図4-2　研究授業後の検討会

際の授業ができない教員養成課程大学生の授業研究の目的は，現職教員が行う授業研究と全く同じではないだろう。

　教員養成における授業研究へのアプローチは複数あるが，すべてのアプローチを抑えることは筆者の手に余るため，本章では，日本教育工学会で取り上げられた研究論文に限定して考えてみることにした。日本教育工学会論文誌および日本教育工学雑誌に掲載された授業研究に関するいくつかのレビュー論文を手掛かりに，まず，教員養成における授業研究の目的から検討を行った。

　水越・梶田 (1982) による「最近の授業改善研究の動向」では，「筆者の関心」に基づくと断りをいれつつ，(1) カリキュラム開発の試み，(2) 目標分析と評価の改善，(3) 教師教育の3つに絞り，当時の授業研究の動向をまとめている。その中で，教員養成に関する研究はすべて (3)「教師教育」に該当していた。

　生田・吉崎 (1997) による「授業研究の動向」では，(1) 授業設計，(2) 教師と子どもの内面過程，(3) 教師と子どもの教室行動，(4) 授業過程の分析・評価，(5) 教師の授業力形成，という5つの主題にまとめられたと述べている。その中でも教員養成に関するものは (4) と (5) のみであった。(4) 授業過程の分析・評価で教員養成に関する研究は，熟練教師と実習生の授業を比較し，それぞれの特徴を明らかにしようとするものであった。(5) 教師の授業力形成で教員養成に関する研究は，教育実習生の力量を把握しようとするものと，教育実習生の力量形成に寄与するプログラムの開発に関するものであった。(4)に該当する研究は，熟練教師と教育実習生による授業の違いを明らかにしようとするもので，「教育実習生の力量把握」ともいえる。つまり教員養成における授業研究は，(5)「教師の授業力形成」にまとめることができる。。

　清水ら (1999) による「教育工学の現状と今後の展開」では，「授業研究」という章において，(当時の) 近年のこの分野の研究の大きな変容として，1 コンピュータを活用した授業，2 教師の成長に視点を置いた授業研究，3 授業研究の対象の広がり，4 授業研究の方法，という4つを取り上げた。なかでも教員養成に関するものは，「2 教師の成長に視点を置いた授業研究」のみであった。

　吉崎 (2002) による「教育実践研究の動向」では教育工学雑誌に掲載された教

育実践に関する研究論文は，（実践研究Ⅰ）研究技法や道具の開発，（実践研究Ⅱ）教育実践の記述及び要因分析，（実践研究Ⅲ）教育実践の改善及び学習環境づくり，（実践研究Ⅳ）教師の教育実践力の育成，の４つのタイプに分類できるとした。その中で教員養成に関する研究は，すべて（実践研究Ⅳ）「教師の教育実践力の育成」に分類されていた。

以上，授業研究に関するレビュー論文から，教員養成に関する授業研究は，「教師教育」（水越・梶田 1982），「教師の授業力形成」（生田・吉崎 1997），「教師の成長に視点を置いた授業研究」（清水ほか 1999），「教師の教育実践力の育成」（吉崎 2002）に位置づけられていることがわかった。つまり，教員養成における授業研究の目的は主として，教師（志望学生）の授業力形成のためであるといえる。

4.2 教員養成における授業研究のトレンド

授業研究に関するレビュー論文を整理する中で，ほとんどが教員養成プログラムに関するものであり，トレンドとして大きく「マイクロティーチング（模擬授業）」「リフレクション（振り返り）」「コミュニケーション」の３つに分けることができそうなことがわかった。ただし，この３つは完全に独立したものではなく，いずれにも重複する研究も多く見られた。本節ではこの３つのトレンドについてまとめる。

4.2.1 マイクロティーチング（模擬授業）

教員養成課程の大学生にとって，実際に子どもを対象として授業を実践する機会は教育実習以外ではあまりない。しかし，教育実習には様々な現実的な制約があるせいか，教育工学において直接研究の対象とされることは少ない。その代わり，教育実習の事前事後指導のためのプログラムの開発・改善に関する研究が数多く行われてきた。最もメジャーなものがマイクロティーチング（模擬授業）である。

マイクロティーチングは，1960年代にスタンフォード大学で考案され，1970

年代に日本に紹介され，大きな影響を与えた手法である。もともとマイクロティーチングは，少数の学習者からなる microclass で，短時間の microlesson を行い，訓練の対象を特定の教授スキルしぼったところに特徴がある（小金井 1980）。しかし逆に授業過程における教授スキルに特化しすぎるとの批判も多くみられた。そうした批判を踏まえ，マイクロティーチングに様々な工夫を施した研究が行われるようになり，1980年代になるとは「最近は大学での教師教育は，現場での授業研究を通じての現職教育に接近の兆しを見せだした」(水越・梶田 1982) といわれるようになった。そこで1980年以降のマイクロティーチングに関する研究をみていく。

小金井ら (1980) は，教育実習期間中に，1．事前の指導，2．指導案の作成，3．模擬授業（マイクロティーチング），4．指導案の修正，5．実習授業，6．授業研究会を行う教育実習プログラムを開発・実践し，発問過程の教授スキルの修得に有効であることを検証した。さらに予想外の効果として授業の共同設計，ティームティーチング，授業の観察と記述の手法，授業分析の手法，研究会の運営等教育の実践的研究の手法を習得したとも述べられている。水越・梶田 (1982) が述べたように，マイクロティーチング単独ではなく，現職教員が行う授業研究のスタイルに近づけたことが要因であると考えられる。

マイクロティーチングによる教授スキル習得以外の効果を初めからねらった研究もいくつかある。佐伯 (1980) は，大学生がマイクロティーチングを行うことで教材開発スキルが向上するだろうとの仮説のもと，数学科教育法で実践研究を行い，実践を通してその効果を検証した。高橋・野嶋 (1987) は，教育実習の事前学習としてマイクロティーチングを取り入れた学習プログラムの開発と改善を通して，20分程度のマイクロレッスンを繰り返すことで，授業観察能力が上昇することを明らかにした。さらに授業観察能力と教授スキル習得と不可分であることなどを明らかにした。

近藤 (1995) は，視聴覚教材の制作と視聴覚機器の操作，授業観察・分析及び指導案の作成などにかかわる諸能力の育成・伸長をめざし，そしてそれらの総合能力にもとづく教授技術の試行の場としてマイクロティーチング（模擬授業）を行い，それを相互評価しあうことで評価能力まで伸長することをめざし

たシステムを開発した。これも教授スキルのみならず，授業に係る諸能力の育成をめざした研究である。

　藤岡・新保（1995）は，自己学習およびグループ学習を組み合わせて，授業の観察，設計，実施，評価の基本的な知識，技能を身につけながら授業の仕組みや働きを知り，授業研究の進め方について学ぶ「授業研究」コースを開発した。模擬授業は，授業設計の検証の場，あるいは自分の実施した授業から学ぶ問題解決的な授業研究のフィールドとして位置づけられた。

　マイクロティーチング（模擬授業）に関する研究は1980年代半ばにピークに迎え，1990年代以降研究としての数は減ってきているが，2010年代に入り再び増えてきている。石川（2012）は大学2年生のマイクロティーチングに教育実習を終えた先輩大学生を参加させることの効果，小清水ほか（2012）は家庭科教育法でICT機器を活用した模擬授業を実践することで意識が向上すること，松崎（2013）は英語科教育法で複数回マイクロティーチングをすることでメタ教授の重要さなどに気づくこと，深見（2016）は参加者が模擬授業を経験したことでカリキュラム開発力量の向上に寄与することを明らかにした。また，久保田ほか（2014）は簡単な操作で漫画を描画できるシステムを用いて模擬授業を想定した指導案の導入場面をマンガで表現し，それを振り返る演習と指導案を修正する活動を行わせた。これらの活動は指導案修正に有効であることを明らかにした。

　また，各大学のシラバスを検索してみると，現在でも多くの教員養成課程の教科や教職に関する科目にマイクロティーチングが取り入れられていることがわかる。兵庫教育大学のように「マイクロティーチング実習（実地教育Ⅴ）[1]」として正式な科目を設置している大学もある。

4.2.2　リフレクション（振り返り）

　1990年代半ばより，教育実習生の授業の振り返りに着目した研究が見られるようになった。これは，Schön（1983）の反省的実践家の考えに基づき，教師の成長にはリフレクション（振り返り）が重要性であるとの認識が広まってきたことによる。教育工学では，実習生のリフレクションを支援するためのシステ

ムやツール開発に関する研究が多く行われている。まず活用されたのはビデオ等の映像である。

　南部 (1995) は，教育実習生が自分の授業を観察・分析し，その授業の特徴や問題点，改善点について内省的に検討するための方法として，授業行動記録記述，教授意図学習者行動判断，カテゴリー分析などの内容をもつ授業観察システムを開発した。ビデオを鏡的に利用した授業記録とその再生視聴による逐語記録の作成，簡易授業分析カテゴリーシステムを用いた分析，並びに授業意図及び学習者行動の判断作業を用いて自分の授業を検討したことで，教育実習中に気づけなかった自分の授業の特徴と問題点の発見につながったことを明らかにした。

　澤本 (2009) は，自分の実施した授業を振り返る狭義の「授業リフレクション研究」ではなく，大学生が小学校で観察・採取した授業を振り返る「広義の授業リフレクション研究」として，授業研究そのものを学習する専門科目を開発した。2年にわたる取り組みから，学生自身による，授業ビデオ撮影，プロトコル起こしと分析，グループワーク，レポート作成などの学習の意義と課題を明らかにした。

　大倉 (2009) は，教育実習の事前・事後指導を目的に，実習先での先輩や自分たちの研究授業をビデオ収録し，ビデオの再生経過時間に索引づけて評価コメントを付与・共有する授業ビデオ評価支援システムを開発した。これを活用することで評価コメントが増加することなどを明らかにした。

　植木ら (2008) は，情報量が多いビデオ映像から振り返りの対象とするシーンを選択し，それを静止画像として取り出し，それに大学教員による簡単な説明文をつけた静止画像教材を考案し，その有効性を確認した。

　三浦・中島・渡部 (2012, 2014) は，手書きパッドを用いた授業リフレクション支援のツールを開発し，学生が行った模擬授業に対して授業を行い，PF-NOTE に集約されたデータをもとに集団リフレクションや自己リフレクションを行ったところ，映像と記述と授業評価データの結びつきを生かした振り返りが可能になることを明らかにした。

　教師として作成するティーチング・ポートフォリオに着目して振り返りを支

援する研究も多くある。

　永田ら（2005）は，教育実習で行った授業について，授業ビデオを自己評価しながら分析させた後，1分程度のビデオクリップにまとめさせた上で，振り返り文とともに授業用のブログに掲載させた。ブログを使った振り返りをデジタル・ティーチング・ポートフォリオと呼び，それは自分の教育実習の振り返りに効果的であることを明らかにした。

　松崎・北條（2007）は，教育実習中に紙ベースのポートフォリオ適用することで，実習生が授業を自発的に振り返るとともに意欲的に授業改善を試み，教職への自信を持てるようになったことなどを報告している。

　谷塚・東原（2009）は，教員養成初期段階の学生が作成したティーチング・ポートフォリオの記述内容を，テキストマイニングソフトを用いて分析し，リフレクションの特質を明らかにした。また教職eポートフォリオを活用して自己評価することを通して，教育実習を客観的に振り返ることができることを感じたり，自己課題を明確にできることなどを明らかにした（谷塚ほか 2015）。

　北澤・森本（2015）は，2010年度入学生から新設・必修化された「教職実践演習」において，ICTを活用するカリキュラムをデザインし実践した。ここでのICTとは教職eポートフォリオと「授業リフレクションシステム」（森本・北澤 2014）である。教職eポートフォリオで外部講師の講話の内容を振り返る活動を行うことで，この内容と関連する到達目標について達成したという認識が高まり，受講生が小グループで作成した動画を授業リフレクションシステムで相互評価すると教科基礎力と学習指導力に対する認識が高まることを明らかにした。

4.2.3　コミュニケーション

　4.2.2のリフレクションとして取り上げた研究の多くで，コミュニケーションが取り入れられていた。これはコミュニケーションが，リフレクションを深める手段となると考えられているためである。例えば，「TP（ティーチング・ポートフォリオ）をデジタル化することが教師の反省に重要なコミュニケーションを容易にする」（永田ほか 2005：181），「指導教員と実習生との協同の場とし

てのポートフォリオを用いたカンファレンスが実習生において重要な要因」(松崎・北條 2007：157)，「自己認識は「対話と協力」の過程でも深める機会があり得る」(澤本 2009：407)，「教育実習生間の相互コメントを通して，教育実習を改めて振り返り，教育実習生間で相互コメントすることの意義を実感している(谷塚ほか 2015：235)」などである。

　また，知識や技能の修得には，新参者が実践共同体へ参加することが必要であるという Lave and Wenger（1991）の考えに基づき，教員養成課程の学生を教師という実践共同体の新参者ととらえ，教育実習経験者である大学生や現職教員である大学院生との相互作用を，CSCL（Computer Supported Collaborative Learning）環境で支援しようという鈴木・永田らの実践研究がある。例えば，永田ら（2002）は，教育実習前の3年生が学習指導案を作成・改善する過程において，教育実習経験のある大学4年生や現職の大学院生らと異学年交流をすることで，大学3年生には反省が促され指導案が改善されたこと，こうした効果には同じ大学生よりも大学院生徒の交流が大きく影響していることを確認した。鈴木ら（2002）は，教育実習経験のない大学生らと現職の大学院生がCSCL環境上で会話をすることで，大学生らが協調的に教具を改善していく過程を明らかにした。また，永田ら（2004）は，異なる教科（家庭科と理科）領域を専門にする教員養成系大学生が，総合的な学習の時間の学習指導案を作成する過程で，CSCL環境上でコメントしあうことで，大学生は専門性の違いに気づき，違いを肯定的に受け入れるなど教科間で協力する態度が養われることなどを明らかにした。

　また，ある種の問題を共通に持つ人々同士がソーシャル・サポート（ある人を取り巻く重要な他者（家族，友人，同僚，専門家など）から得られる様々な形の援助（support））を相互に享受するセルフヘルプグループに着目した望月・北澤（2010）の研究がある。不安を抱えている教育実習生同士のセルフヘルプグループとなる学習コミュニティを，ソーシャルネットワーキングサービス（SNS）を用いて構築し，実習中の体験報告に基づいた対話を行う場として活用した。実習期間中の日記をもとにした対話が，実践的知識の振り返りにつながるだけでなく，教育実習生が教育実習に関する事前知識や他者の実践的知識を

共有することで，肯定的な思考を持つことができることを示した．

4.3 教職大学院における授業研究

　ここまで学部段階での教員養成について述べてきたが，2008年度に教員養成に特化した専門職大学院として「教職大学院」制度が創設され，教員養成は大学院の段階にまで伸びた．教職大学院では現職教員を対象としたスクールリーダーの養成のみならず，実践的な指導力を備えた新人教員の育成が求められている．そのため，実習やフィールドワークが重視されるほか，実践的指導力の育成に特化した教育内容や教育方法を取り入れることが期待されている．

　教育工学における教職大学院での授業研究に関する研究はほとんどない．そこで本節では，筆者が所属する兵庫教育大学の教職大学院，中でも授業実践開発コースにおける取り組み事例について紹介する．[2]

　2016年度より授業実践開発コースでは，大学卒業後すぐ教職大学院に入学した学卒院生の科目「授業実践における専門的技能」と現職院生向けの授業科目「メンタリングの理論と実践」との連携を行っている．具体的には「授業実践における専門的技能」において学卒院生が授業力向上をめざしてマイクロティーチングを行うにあたって，現職院生が「メンタリングの理論と実践」で学んだメンタリングの知識等を活かして関わるようにした．その際，学卒院生をメンティー，現職院生をメンターとし，基本的には1対1のペアを作る．メンタリングの場として「教育実践課題解決研究」という科目の2〜3時間を用いる．マイクロティーチング前のメンタリングでは，メンターはメンティーの指導案作成やマイクロティーチングの練習を支援する（図4-3）．さらにメンターはメンティーのマイクロティーチング（図4-4）や事後検討会（図4-5）にも参加し，その後のメンタリングではメンティーの振り返りでも支援を行う（図4-6）．2016年度の調査では，学卒院生にとってメンタリングの場が有益であっただけでなく，現職院生にとっても実際にメンタリングを実践し，振り返る場となっていたことがうかがえた（伊藤ほか 2018）．学卒院生と現職院生のコミュニケーションによって，それぞれに学習効果が高まる取り組みとなっている．

図4-3 事前メンタリング

図4-4 マイクロティーチング

図4-5 事後検討会

図4-6 事後メンタリング

　そのほかの取り組みとしてeポートフォリオの活用がある。兵庫教育大学教職大学院には複数のコースがあり，コースごとに複数の実習が用意されている，これらの実習での大学院生の（1）学びの蓄積と振り返りの促進，（2）多様な参加者の円滑なコミュニケーションの促進，を主たる目的としてeポートフォリオが開発され，活用されている。授業実践開発コースでは，実習期間中は毎日このeポートフォリオに書き込みを行うこととなっている。書き込みをすると，大学院生仲間や大学教員からコメントをもらえ，実習期間中でもコミュニケーションを図ることができる。本格運用が始まったころに行った調査では，大学院生が自分の臨床的な実践経験を振り返った洞察を中心に投稿をしていること，大学院生仲間との学びや振り返りに役立つと感じ，肯定的にとらえていることが示唆された（永田ほか 2009，永田ほか 2012）。

4.4 教員養成における授業形成のために

　教員養成における授業研究の主たる目的は「教師（志望学生）の授業力形成のため」であり，その主たる手法はマイクロティーチング（模擬授業），リフレクション，コミュニケーション，またはそれらを組み合わせたものがほとんどであった。学部段階の教員養成に関する研究には長年の蓄積がみられたが，教職大学院の拡大拡充が進む中，大学院段階の教員養成における授業研究の発展が今後の課題といえるだろう。

注
（1）　兵庫教育大学では，教育実習，教育の実地に即して修得するための教育課程として「実地教育」と呼んでいる。詳細は下記ページを参照いただきたい。https://www.hyogo-u.ac.jp/admission/education/practice.php
（2）　兵庫教育大学では大学院学校教育研究科に開設された専門職学位課程「教育実践高度化専攻」が教職大学院にあたる。詳細は下記ページを参照いただきたい。　https://www.hyogo-u.ac.jp/admission/professional/

引用・参考文献
藤岡完治・新保幸洋（1995）「教員養成における授業研究コースの開発と評価」『日本教育工学雑誌』18(3/4)：123-136.
深見俊崇（2016）「教員志望学生のカリキュラム開発力量に資するプログラムの開発」『日本教育工学会論文誌』40(Suppl.)：181-184.
生田孝至・吉崎静夫（1997）「授業研究の動向」『日本教育工学雑誌』20(4)：191-198.
石川孝彦（2012）「マイクロティーチングにおける受講者とSAの評価コメントの比較」『日本教育工学会論文誌』36(Suppl.)：197-200.
伊藤博之・奥村好美・宮田佳緒里・大西義則・黒岩督・米田豊・長澤憲保・永田智子・中村正則・松本伸示・森山潤・溝邊和成・山内敏男・吉水裕也（2018）「教職大学院における院生同士の学び合いを促進するカリキュラムの改善：コース専門科目のカリキュラム改善1年目の成果と課題」『兵庫教育大学研究紀要』52：107-116.
北澤武・森本康彦（2015）「教職実践演習の到達目標の達成を目指したICT活用に

よるカリキュラムデザインと評価」『日本教育工学会論文誌』39(3)：209-220.

小金井正巳・井上光洋・児島邦宏・稲森協子・葛西英昭・原健爾・野田一郎（1980）「マイクロティーチングによる教育実習」『日本教育工学雑誌』4：113-126.

小金井正巳（1980）「教師教育と教育工学　その２．マイクロティーチングと教授スキル」『日本教育工学雑誌』4：141-150.

小清水貴子・大石智里・藤木卓・寺嶋浩介・室田真男（2012）「教員養成課程における ICT 機器を活用した模擬授業の実践と学生の意識の変容」『日本教育工学会論文誌』36(Suppl.)：69-72.

近藤勲（1995）「実践的な教授技術の習得をめざしたシステムの開発とその検討」『日本教育工学雑誌』18(3/4)：137-151.

久保田善彦・鈴木栄幸・望月俊男（2014）「マンガ表現による教育実習生の指導案の改善プロセス」『日本教育工学会論文誌』37(4)：469-478.

Lave, J. and Wenger, E. (1991) *Situated learning: Legitimate peripheral participation*, Cambridge, Cambridge University Press.（佐伯胖訳（1993）『状況に埋め込まれた学習――正統的周辺参加』産業図書）

松崎邦守（2013）「マイクロティーチングの設計と評価――英語科教育法の科目を事例として」『日本教育工学会論文誌』37(Suppl.)：193-196.

松崎邦守・北條礼子（2007）「教育実習ポートフォリオの適用の効果に関する事例研究」『日本教育工学会論文誌』31(Suppl.)：157-160.

三浦和美・中島平・渡部信一（2012）「手書きパッドによる授業リフレクション支援のツール開発」『日本教育工学会論文誌』36(3)：261-269.

三浦和美・中島平・渡部信一（2014）「集団リフレクションで使用した PF-NOTE のデータを閲覧して行う自己リフレクション支援の有効性」『日本教育工学会論文誌』38(Suppl.)：113-116.

水越敏行・梶田叡一（1982）「最近の授業改善研究の動向」『日本教育工学雑誌』6：127-136.

望月俊男・北澤武（2010）「ソーシャルネットワーキングサービスを活用した教育実習実践コミュニティのデザイン」『日本教育工学会論文誌』33(3)：299-308.

森本康彦・北澤武（2014）「授業動画を用いた授業観察を支援する授業リフレクションシステムの開発と東京学芸大学への導入」『第39回教育システム情報学会全国大会論文集』, 29-36.

永田智子・鈴木真理子・浦嶋憲明・中原淳・森広浩一郎（2002）「CSCL 環境での異学年交流によるポートフォリオ作成活動を取り入れた教員養成課程の授業実践と評価」『日本教育工学雑誌』26(3)：215-224.

永田智子・鈴木真理子・中原淳・西森年寿・笠井俊信 (2004)「CSCL 環境による異教科領域間交流が教員養成系大学生に及ぼす学習効果」『日本教育工学会論文誌』28(Suppl.): 5-8.

永田智子・鈴木真理子・森広浩一郎 (2005)「デジタル・ティーチング・ポートフォリオとしてのブログの可能性」『日本教育工学会論文誌』29(Suppl.): 181-184.

永田智子・森山潤・森広浩一郎・掛川淳一 (2009)「教職大学院用 e ポートフォリオ・システムの開発と試行」『日本教育工学会論文誌』33(Suppl.): 66-68.

永田智子・森山潤・吉水裕也 (2012)「教職大学院における e ポートフォリオシステムの開発と活用——兵庫教育大学教職大学院の事例」『大学力を高める e ポートフォリオ—エビデンスに基づく教育の質保障をめざして』東京電機大学出版局, 67-78.

南部昌敏 (1995)「教育実習生の内省を支援するための授業観察支援システムの開発と試行」『日本教育工学雑誌』18(3/4): 175-188.

大倉孝昭 (2009)「授業ビデオ評価学習支援システムの開発と評価」『日本教育工学会論文誌』32(4): 359-367.

小柳和喜雄・木原俊行・益子典文 (2015)「教員養成・現職研修への教育工学的アプローチの成果と課題」『日本教育工学会論文誌』39(3): 127-138.

佐伯卓也 (1980)「マイクロティーチングによる教材翻案スキルの訓練」『日本教育工学雑誌』4: 97-101.

澤本和子 (2009)「教育学科専門科目「授業研究論 1・2」開発事例研究——教師の自己リフレクションを用いた授業研究指導の省察—」『日本教育工学会論文誌』32(4): 405-415.

Schön, D. A. (1983) *The Reflective Practitioner: How professionals think in action*, Basic Books.(佐藤学・秋田喜代美訳 (2001)『専門家の知恵, 反省的実践家は行為しながら考える』ゆみる書房.)

清水康敬・赤堀侃司・石川伸一・中山実・伊藤紘二・永岡慶三・岡本敏雄・吉崎静夫・近藤勲・永野和男・菅井勝雄 (1999)「教育工学の現状と今後の展開」『日本教育工学会論文誌』22(4): 201-213.

鈴木真理子・永田智子・中原淳・浦嶋憲明・今井靖・上杉奈生・若林美里・森広浩一郎 (2002)「CSCL 環境での共同体参加による教員養成系大学生の協調的な教具制作活動の分析」『日本教育工学会論文誌』26(Suppl.): 243-248.

高橋哲郎・野嶋栄一郎 (1987)「教育実習事前学習プログラムの開発とマイクロティーチングの改善に関する研究」『教育工学雑誌』11(2/3): 57-70.

谷塚光典・東原義訓 (2009)「教員養成初期段階の学生のティーチング・ポートフ

ォリオのテキストマイニング分析：INTASC 観点「コミュニケーション」に関するリフレクションの記述から」『日本教育工学会論文誌』, 33(Suppl.)：153-156.

谷塚光典・東原義訓・喜多俊博・戸田真志・鈴木克明（2015）「教職 e ポートフォリオの活用による教育実習生の自己評価および相互コメントの効果」『日本教育工学会論文誌』39(3)：235-248.

植木克実・後藤守・渡部信一（2008）「指導実習に対する「ふりかえり」を行うための静止画像の開発」『日本教育工学会論文誌』31(4)：495-503.

吉崎静夫（2002）「教育実践研究の動向」『日本教育工学会論文誌』26(3)：107-115.

第5章
FDとしての授業研究

田口真奈

5.1 FDがめざすもの

「FDって知っていますか？ フロッピーディスクのことではないんですよ。」という冗談を初めて聞いたのは，20年ほど前であろうか。大学設置基準の改訂により，FDが努力義務化されたのは1999年であったが，その当時はFDはごく限られた関係者のみが知る用語であったように思う。その後，FDは2008年に義務化されたため，現在，組織的な実施率は100%となっている。

フロッピーディスクという言葉が通じなくなるほどの年月が経ち，FDという言葉を知らない大学関係者は少なくなった。しかし，「大多数の日本の大学教員にとって，『FD』とは，『お上』からの『お達し』として，有無を言わさぬ形で頭の上に降り掛かってきた『異国』の耳慣れぬ言葉ないし概念に他ならなかった。」(出口 2013：29) という状況は現在においてもそれほど違わないかもしれない。FDの定義やそれがめざすところについては，その導入当時から多くの議論があったが，現在では，多くの大学教員がFD＝研修あるいは，FD＝授業改善である，と理解しているように思われる。それは，日本においてはFDの導入は文部科学省による政策誘導によってすすめられており，FDが努力義務化されるべきであるとする1998年の大学審議会答申『21世紀の大学像と今後の改善方策について』において，「各大学は，個々の教員の教育内容・方法の改善のため，全学的にあるいは学部・学科全体で，それぞれの大学等の理念・目標や教育内容・方法についての組織的な研究・研修（ファカルティ・ディベロップメント）の実施に努めるものとする旨を大学設置基準において明確

にすること」と記載されたこと，続いて2008年の中央教育審議会答申『学士課程の構築に向けて』において，FDの定義が「教員が授業内容・方法を改善し向上させるための組織的な取組の総称」とされたことを背景としている。ここから，FD＝研修，あるいはFD＝授業改善，という理解に至ったと考えられるが，羽田（2009）は，このことがFDのイメージを上意下達の枠内に押し込め教員の忌避感を生む原因となり，また，大学教員に要求される専門的能力において，授業能力は一部でしかないということが見落とされる原因となると，指摘している。

そして，羽田はFDという用語は誤解を生むので使用されなくなりつつある，として，カナダの大学教育関係者が意識的にFDの用語を使用しない理由を紹介している。カナダ・ダルハウジー大学の学習・教授センター長によると，「FDは教育改革を個人的問題にしがちで，矯正する（remedial）という意味があり，動機付けとしては弱く否定的，戦略的にも教員個人に対する侮蔑的なニュアンスが含まれ，教員から攻撃を受けやすい，FDという表現を使うと多くの教員が敬遠する，物理的環境を含めた大学政策全体の中で教育改善が行いにくい」ということであるが（羽田 2009：8），こうした状況は日本においても大方，同じように感じられるところである。

1976年にアメリカで組織された，FD担当者のネットワークであるPOD（Professional and Organizational Development Network in Higher Education）においても，現在，FDという用語は用いられておらず，代わってEducational Development（ED）という用語が用いられている。かつて"What is Faculty Development？"という説明が掲載されていたページは，"What is Educational Development？"というページに代わっており，(https://podnetwork.org/about-us/what-is-educational-development/) そこでは，educational developmentという言葉を好んで用いる理由を，個人，プログラム，制度といった水準ならびに，大学院生，教員，ポスドク，アドミニストレーター，組織といった重要な対象者を含み，「私たちの仕事の広がりを網羅している」からである，と説明している。ただし，PODネットワークのメンバーのめざすところが大きく変わったわけではないため，かつての説明と大きく齟齬があるわけではない。これまで同様に，教員あるい

は大学院生やポスドクなどの「未来の教員」の能力開発，コースやカリキュラムの開発，組織開発などがその対象となっている。

　日本においては，それが義務化された当初から，すでに「FDの実質化」が課題として認識されていたが，最新の調査報告においても「教員のFDへの参加率は依然として低い状況（教員全員が参加した大学は約13％，4分の3以上の教員が参加した大学は約43％）となっている。また，FDの具体的な取組として，教員相互の授業参観を実施した大学は約56％，アクティブ・ラーニングを推進するためのワークショップまたは授業検討会を実施した大学は約42％と近年進展を示しているものの全国的に普及しているとは言えない。」とその問題点が指摘されている（文部科学省高等教育局大学振興課大学改革推進室 2017）。

　このように，FDはその定義やめざすところが何であるのかの議論，また義務化以降の実質化は，課題となりつづけている。しかしながら，FDの推進が大学における授業研究がすすむ契機となったことは間違いない。吉崎は，第1章において授業研究，すなわちLesson Studyの目的として，第1に授業改善のために，第2にカリキュラム開発のために，第3に教師の授業力量形成のために，第4に授業についての学問的研究の進展のためにと4つの目的をあげているが，特に第1から第3までの目的は，FDの目的とも合致する。

　本章では，FDとしての授業研究がこれまでどのように行われてきたのかを，第1章における吉崎の「一人称，二人称，三人称としての授業研究」という観点から概観する。

5.2　大学における授業研究

　上述したように，FDは政策的な後押しがあって進められてきたが，大学における授業研究は，1979年に発足した大学教育学会（発足当時は「一般教育学会」）や，1984年に発足した教育工学会，また学会の形式はとってはいないが，2002年に第1回目が開催された京都大学高等教育研究開発推進センター（発足当時は「高等教育教授システム開発センター」）主催による大学教育研究フォ

ーラム（発足当初は「大学教育研究集会」であったが，2005年より，「大学教育改革フォーラム」と統合され，継続実施）などにおいて報告されてきた．

　初等・中等教育における授業研究に関する研究発表が積極的に行われている教育工学会においては，1989年に課題研究の一つとして「大学における教育工学関連授業の内容と方法」というセッションが設けられ，国際基督教大学の岩佐による「FD評価表と質問票をもとにした講義改善の試み」，新潟大学の生田による「教育の方法及び技術のカリキュラムの枠組みについて」，神奈川大学の末武による「神奈川大学における教育情報工学の実践について」といった発表がなされている．またメディアの活用を具体的な大学授業実践の中で論じた研究として，1989年には，例えば情報発信型授業を実践するために「私の大学紹介ビデオ」をつくらせるという「視聴覚教育」を過去3年間行った実践研究（織田 1989）や，「教師→学生という一方向の知識伝達になりがちな大学教育の問題点を改善する」ために，大学教育における電子会議システム利用を試みた実践研究（余田 1989）などをが発表されているが，大学における授業研究は少数であった．

　大学における授業研究が発表されるようになるのは1996年ころからである．この年には「高等教育における教育方法」が2つのセッションで扱われている．また，メディア教育開発センター（発足当時は「放送教育開発センター」）では，2つの共同研究，「教授学習過程の映像化による大学の授業改善の研究」（1993年度～1995年度），「メディア利用による大学の授業改善の研究」（1996年度）が進められ，

① 大学の教授学習過程を直接研究対象とする．
② 教授者が自らの授業を研究対象として工夫・改善することを出発点とする．
③ 互いに情報交換を行って授業をより良いものにする．
④ 教授者と学習者がともに授業を評価し，改善を考える．
⑤ 教授者の実践だけにゆだねられてきた大学の授業について，基礎となる理論や方法論を研究する．

ことを特徴とする，としている（伊藤 1997）．

このように，大学における授業研究は，主に教育工学研究者を中心に，一人称研究で始まった，といえるだろう。

5.3 公開実験授業という試み

日本で最初に，FDとしての授業研究が組織的に行われたのは，京都大学高等教育研究開発推進センターの「公開実験授業」に関する試みであるといえる。公開実験授業とは，同センターが1996年に始めた試みで，田中毎実が担当する「ライフサイクルと教育」という全学共通科目を公開し，その後に授業検討会を実施するものである。「ライフサイクルと教育」は授業者（田中）の考える「相互形成」をめざした授業実践であり，これを研究授業として取扱い，毎回参観者を迎え，毎回ほぼ1時間半，時によっては2時間に及ぶ授業検討会を行い，それを研修とするものであった。

田中は，このプロジェクトを構想するにあたり，「高度な専門的自己決定性を共有する高等教育のスタッフたちの研修は，初任者研修などのほんの一部の僅かな例外を除けば，原則的に言って，一方的な授業・受講という形式をとることはできない。研修の世話をする側のスタッフも含めて，すべての関係者の『相互研修』という形で実施するほかはないのである。この意味でも，世話をするはずの側のスタッフによる授業をたたき台とする研修は，この本来の『相互』研修の意味でのFDに，まさにぴったりと適合しているものと考えてよいだろう。」（田中 1996：127）と述べているように，このプロジェクトは，「授業実践，授業研究，相互研修の3つを，互いに緊密に連携させながら一挙に達成」（田中 1999：1）することをめざした試みであった。

3年間にわたって同一の授業者の授業のほぼすべて（およそ60回）が公開され，授業検討会の記録が残されたことになる。これは，大学授業に限らず，極めて稀な試みであったといえる。このプロジェクトは，大学における授業研究の学問的発展を目的としていた。そのため田中による一人称による授業研究だけではなく，リレー講義を担当する教員集団による二人称による授業研究，当時のセンター所属あるいはそこに関係する教育研究者らによる三人称による授

業研究もすすめられた。学生の授業満足度の規定要因と，授業の構造との関連を明らかにしようとする研究（溝上ほか 1998）や，学習者の「顔あげ」という行動に着目し，授業満足度と授業過程での興味等の変動との関連から，それを「授業評価指標」としようとする試み（溝上・水間 2001），こうした「顔上げ」行動と授業者の「ノリ」との関連を精緻な行動分析とインタビューなどのデータを用いてなされたもの（神藤・尾崎 2001），また，同じ「考えさせる」という授業であっても授業の構造が授業者によって異なり，そのため，同じ学生集団であっても学生の集団としての反応の示し方が異なることを授業の構造に着目して示した研究（田口 2002）などである。

　また，「ライフサイクルと教育」という授業だけではなく，1998年度には，京都大学高等教育教授システム開発センターと慶應義塾大学総合政策学部の井下ゼミとの合同ゼミ（Kyoto-Keio Joint Seminar: KKJ）プログラムも開始された。そこでの狙いは，「遠隔地にある大学間をデジタルネットワークでつなぎ，学生相互，教員相互，教員と学生のオンラインとオフラインとの両面からの大学教育の新規教育プログラムの開発研究をすること」「そうした遠隔地の異なる大学間でいかに教育が可能かというテーマのもとでの実験的フィールド研究」「そうした新しい時代や環境のもと，今後の高等教育の展開に向け，いかなる指導力や企画力，マネジメント力が教員に求められるのか，その『研究』であり『研修』でも」あった（井下 2000）。ここでもまた，教育実践，授業研究，相互研修の3つの性格をもつ企てとして位置づけられていたのである。このプロジェクトに関しても，そこにおける学生主体の授業を，授業のフレームという観点から論考した研究（神藤・田口 2000）や，そうした授業において，学生たちが何を学んだのかに関する研究（溝上・田口 1999）などがすすめられた。

　上述した公開実験授業プロジェクトあるいは，KKJなどの授業実践プロジェクトにおいてめざされていたのは，大学人自らが自らのフィールドにおいて実践研究を積み重ね，その知見を公開していくことであった。こうした相互研修の理念は，海外では，SOTLの理念と合致する。

　SOTL（Scholarship of Teaching and Learning）とは，カーネギー財団の理事長（1997～2008年在職）となったシュルマン（Shulman, L.S.）が，ボイヤー（1990）の

SoT (Scholarship of Teaching) という概念を発展させたもので，SoT (Scholarship of Teaching) に「学習 (learning)」という要素を加えるとともに，この学識がコミュニティの資産 (community property) であることを強調している。Shulman (1999) は，学識 (scholarship) と呼ぶためには，それが単に「知的な」活動であるだけでは不十分であり，「公表されること」「コミュニティのメンバーによって批評され評価される対象となること」「コミュニティのメンバーが成果を利用し，発展につなげること」という少なくとも3つの属性をもつ必要がある，と述べている。

SOTL 活動と相互研修型 FD は，FD・教育改善の主体をファカルティであるととらえることや，FD・教育改善の基本的なフィールドを教育実践であるとすること，また，教育実践をパブリックな行為ととらえること，などの共通点をもつ（松下 2011：61）。ここで，「教育実践を公開する」という視点は，大学授業の改善という営みを大学における授業研究として行うことにつながっているということができる。

5.4　文学研究科プレ FD プロジェクトにおける授業研究

公開実験授業の取り組みは，その後 FD の「定番メニュー」のように日本全国に広がったが，その目的や方法は様々である（田口ほか 2004）。京都大学においては，文学研究科プレ FD プロジェクトに引き継がれている。

プレ FD とは，これから大学教員（ファカルティ）になろうとする大学院生や OD（オーバードクター）・ポスドクのための職能開発の活動をさす和製英語であり，アメリカでは，Preparing Future Faculty (PFF) と呼ばれている。大学教員の仕事には，教育，研究，管理・運営，社会貢献などがあるが，プレ FD では，なかでも教育能力の開発に重きが置かれていることが多い。2008年に答申された『学士課程教育の構築に向けて』において大学における教職員の職能開発の具体的な改善方策として「教育研究上の目的に応じて，大学院における大学教員養成機能（プレ FD）の強化を図る」という取り組みが指摘されたこともあり，研究大学を中心にプレ FD の取り組みは広がっている。

文学研究科プレ FD プロジェクトとは，文学研究科の OD・ポスドクの支援策として2009年に始まったもので，彼らを非常勤講師として大学が任用し，リレー講義という形で学部の入門科目を担当させるという取り組みで，教育方法に関連する知識・能力・態度の向上を目的として提供するものである（田口ほか 2013）。プログラムは，事前・事後研修会，学部生を対象とした授業とその直後の授業検討会からなる。

　このプロジェクトでは，授業研究の第2の目的である，「教師の成長」を直接的な目的としていたため，ツールの開発や評価手法の検討などが授業実践者とは異なる研究者によって，すなわち三人称的な研究として実施されている。

　例えば，京都大学プレ FD プログラムでは，初めて授業を担当する講師をサポートするためのツールとして，「授業デザインワークシート」を開発し，継続して利用されている。これは，

　① 学習ステップに対応する教授機能という観点が含まれているため，「学生の学習」という観点から授業を振り返り，教授デザインを検討することが可能となる。
　② 授業内容以外の授業の構成要素を意識することができ，しかもそこには，自分が採用した「授業形態」「集団様式」「教材」「ツール」以外に多様な選択肢があることを理解することが可能となる。
　③ 授業（さらにはコースやプログラム全体）を「探究的学習のサイクル」を実現するための一連の教授プロセスという観点からとらえることが可能となる。

という3つの特徴をもつ（田口ほか 2011）。

　また，リレー講義形式で実施されている文学研究科プレ FD 対象の授業において，学生の理解をどのようにとらえればよいのかという問題関心から，コンセプトマップの導入やそれを評価するためのルーブリックの開発に関する研究も進められてきた（田口・松下 2015）。コンセプトマップは大学でよく行われる一斉講義形式の授業にも比較的取り入れやすい評価ツールであり，また，広範な概念を自分なりに咀嚼し，理解するという目的のための学習ツールとしても有効だとして，京都大学の他の授業でもその利用が試みられている。

前述したように，文学研究科プレ FD プロジェクトは，公開実験授業に関する授業研究をベースに展開されているため，授業の公開とその後の検討会は重要なプログラムとして位置づけられている。「ライフサイクルと教育」では，毎回，1 時間半を超える「授業検討会」が実施されていたが，文学研究科プレ FD プロジェクトにおいては，20分程度で実施できるような授業検討会をパターン化して導入している。また，司会進行は高等教育教授システム開発センターのスタッフではなく，文学研究科で雇用された本プロジェクトの教務補佐員である（田口ほか 2013）。このようにして導入，継続実施されている授業検討会では何が話し合われているのか，また，この「授業検討会」は果たして授業者の成長に寄与しているのかどうかという観点での研究も進められている（香西・田口 2017）。

　その後，文学研究科プレ FD プロジェクト修了後の発展的プログラムとして，2015年より，新たに大学コンソーシアム京都との連携のもと，単位互換リレー講義「人文学入門」が開講された。本プログラムでは，プレ FD 修了生がそれぞれの授業だけではなく，半期15回の講義全体をデザインすること，また，京都大学以外の多様な学生を対象とした授業をすること，さらに，アクティブラーニングを導入すること，などがその特徴としてあげられる（田口・福田 2018）。

　こうした新しいプログラムの導入においてアクティブラーニング型授業を経験した授業者のその後の授業デザインや授業観に変化があったのかを明らかにしようとする研究もすすめられている（香西・田口 2018）。

　このように，これまでのプレ FD をフィールドとした授業研究では，三人称としての授業研究，すなわち授業を実践する研究者とそれを授業研究として実施する研究者とは分離して進められてきた。ここでの授業研究は，より良いプレ FD プログラムの開発に寄与することがめざされている。

5.5　FD としての授業研究の展望

　これまでみてきたように，FD を契機として大学における授業研究は進んできている。5.1で述べたように，FD のめざすところは幅広いため，大学におけ

る授業研究だけでFDが推進されるわけではない。しかし，様々な学問分野において，授業研究が豊かに行われることがFDに寄与することは間違いないだろう。5.2において，大学における授業研究は，主に教育工学研究者を中心に，一人称研究で始まったと述べたが，大学教員自らが，自らの授業改善を目的として行う授業研究は，現在，様々な分野で実施されており，例えば各大学の研究紀要などにおいて多く発表されている。日本医学教育学会や，日本工学教育協会等，専門別教育に特化した学協会が存在する分野，あるいは専門学協会の中にワーキンググループなどを設けて，それぞれの領域の「教育方法」を検討する分野もある。

　こうした授業改善を目的とした授業研究を行う大学教員のネットワーキングをめざした試みも進められている。その一つが，京都大学高等教育研究開発推進センターで2012年度に開始された，「MOSTフェローシッププログラム」である。これは，全国の大学教員を対象とするもので，MOSTを利用した授業実践の見直しや教育改善の活動に取り組むものである。MOST（Mutual Online System for Teaching & Learning：モスト）とは，オンライン上に構築した大学教員のための教育研修の場を指す。招待制となっており，既存のMOSTユーザーからのインバイトを受けることによってアカウントを作成することができる。ウエブ上で登録すると，米国カーネギー教育振興財団知識メディア研究所が開発したKEEP Toolkitの日本語版を利用できる（酒井ほか2010）。

　MOSTフェローは，毎年10名程度が選抜され，フェロー同士で活動のプロセスや成果を共有しながら，各自の教育実践を改善するとともに，教員コミュニティとしての成長もめざすものである。MOSTフェローは，それぞれの授業実践をフィールドに，その取り組みをMOST上にコースポートフォリオ（酒井・田口2012）として公開し，さらに大学教育研究フォーラムでの研究発表を行うことが義務づけられている。MOSTフェローは，現在，第7期が活動中であるが，MOSTフェローの専門分野は，工，医，法，薬，看護，経営，経済，情報科学，言語，英語教育，音楽教育，キャリア教育など様々である。こうした試みは，それぞれの学問領域の専門家が授業研究を行い，「実践知」を共有しようとするところに意義があるといえる。

シュルマンは,「ティーチングに関する3種類の知識」として,教授法に関する知識 (Pedagogical Knowledge: PK),内容に関する知識 (Content Knowledge: CK),内容を効果的に教授するための知識 (Pedagogical Content Knowledge: PCK) を挙げている (Shulman 1987)。PCK の内容あるいは,PCK の獲得過程を明らかにしていくためには,具体的な授業実践を対象とした授業研究が欠かせないが,それは研究領域ごとにミクロな研究を積み上げていくほかはない。しかし,そのための研究方法論はこれまでの授業研究の方法論を援用しつつ,独自に開発していく必要がある。5.3で述べた「ライフサイクルと教育」という大学の授業をフィールドに授業研究を行おうとしたときには,どのようなデータをどのような方法でとるのかといった,研究方法論の模索からスタートしなければならなかった。例えば,「ライフサイクルと教育」は,いわゆる「一斉講義形式」の授業であり,初等教育の授業でみられる「発問－指名－応答－KR (Knowledge of Results)」という授業展開が頻繁にみられる授業ではなかった。そのため,「顔をあげて聞いているかどうか」といった外から観察できる指標の有効性を検討したり,毎回の短い授業のコメントから,学生の学びを把握しようとしたりした。あるいは,少人数ゼミのKKJにおいては,参加学生全員と1時間程度の面接をして,授業での学びをとらえようともした。学生の学びをとらえるための方法については,その実行可能性の問題も考えていかなければならない。大学における授業研究は,授業のゴールをどのように同定するのか,またそれが達成されたかどうかをどのような方法でみていくのかが常に問題でありつづける。

　大学における授業研究の方法論は,これまでがそうであったようにこれからも教育学を専門とする研究者によって探求されていくであろうが,同時に CK すなわち内容に関する知識を豊かにもつ専門家によって授業研究が行われ,PCK が明らかにされていくことは非常に重要である。

　大学の授業は,ファカルティ自身がそのカリキュラムを決定していくものである。「学問を発展させていく」ためには何を教えておかなければならないのか,またそのための方法はどうあるべきかを,自らの所属機関において育てる学生像と交差させながら,その領域の研究者たちが授業研究を通じて検討することが大学における授業研究の難しさであり,また面白さであろう。日々営まれて

いる「大学の授業」で何を，どこまで，どのように教えるのかを問うことは，授業改善のみならず，学問分野の発展あるいはカリキュラム開発や組織開発につながっていくと考えられる。

引用・参考文献

Boyer, E. L. (1990) *Scholarship Reconsidered: Priorities of the professoriate*, The Carnegie Foundation for the Advancement of Teaching. (有本章訳 (1996) 『大学教授職の使命——スカラーシップ再考』玉川大学出版部.)

出口康夫 (2013)「ドキュメント・プレ FD」田口真奈・出口康夫・京都大学高等教育研究開発推進センター編『未来の大学教員を育てる——京大文学部プレ FD の挑戦』勁草書房，3-63.

羽田貴史 (2009)「大学教育改革と Faculty Development」東北大学高等教育開発推進センター編『ファカルティ・ディベロップメントを超えて』東北大学出版会，5-22.

井下理 (2000)「遠隔授業のオフライン・ゼミ合宿の学生主体型展開における教員の指導力について——高度教養教育における合同ゼミ合宿プログラムの教授資質の事例研究」『京都大学高等教育研究』6：77-92.

伊藤秀子 (1997)「大学授業研究への新しいアプローチ——教授者と学習者の主体的参加をめざして」『京都大学高等教育研究』3：98-107.

香西佳美・田口真奈 (2017)「プレ FD プログラムにおける授業検討会が大学初任教員の授業改善に与える影響——談話内容の変化と授業実践への反映に着目して」『日本教育工学会第33回全国大会発表論文集』日本教育工学会：565-566.

香西佳美・田口真奈 (2018)「AL 型授業の実践経験が大学初任教員の授業力量に与える影響——授業デザインおよび授業観の変化に着目して」『日本教育工学会第34回全国大会発表論文集』日本教育工学会：207-208.

溝上慎一・尾崎仁美・平川淳子 (1998)「学生の満足する授業過程分析に向けて（序報）」『京都大学高等教育研究』4：22-64.

溝上慎一・田口真奈 (1999)「学生主体の授業 KKJ における学生たちの学び」『京都大学高等教育研究』5：57-84.

溝上慎一・水間玲子 (2001)「授業過程の評価指標としての学生の『顔上げ』行動」京都大学高等教育教授システム開発センター編『大学授業のフィールドワーク——京都大学公開実験授業』玉川大学出版部，99-119.

松下佳代 (2011)「FD ネットワーク形成の理念と方法——相互研修型 FD と SOTL」京都大学高等教育研究開発推進センター編『大学教育のネットワークを創る

――FD の明日へ』東信堂, 44-67.
文部科学省高等教育局大学振興課大学改革推進室（2017）「平成27年度の大学における教育内容等の改革状況について（概要）」
http://www.mext.go.jp/a_menu/koutou/daigaku/04052801/1398426.htm（2018.12.3. 参照）
織田揮準（1989）「情報発信型教育の実践――大学におけるビデオ・レポートの試みと評価」『日本養育工学会第 5 回大会講演論文集』日本教育工学会：341-342.
酒井博之・田口真奈・笹尾真剛・大山牧子（2010）「大学教員のためのオンライン教育研修支援システムの開発――『MOST』を活用した FD・教育改善活動の提案」『第16回大学教育研究フォーラム』京都大学高等教育研究開発推進センター：164-165.
酒井博之・田口真奈（2012）「大学教員のためのコースポートフォリオ実践プログラムの開発」『日本教育工学会論文誌』36(1)：35-44.
神藤貴昭・尾崎仁美（2001）「大学授業における教授者と学生の相互作用――教授者の『ノリ』に注目して」京都大学高等教育教授システム開発センター編『大学授業のフィールドワーク――京都大学公開実験授業』玉川大学出版部, 120-135.
神藤貴昭・田口真奈（2000）「授業枠のゆらぎ――大学における学生主導型授業の構築の可能性」『教育方法学研究』26：119-127.
Shulman, L. S. (1987) "Knowledge and teaching: Foundations of the new reform," *Harvard Educational Review*, 57: 1-22.
Shulman, L. S. (1999) "Taking learning seriously," *Change*, 31(4): 10-17.
田口真奈（2002）「『考える』力の育成をめざした授業の構造」京都大学高等教育教授システム開発センター編『大学授業研究の構想――過去から未来へ』東信堂, 117-147.
田口真奈・出口康夫・京都大学高等教育研究開発推進センター編（2013）『未来の大学教員を育てる――京大文学部プレ FD の挑戦』勁草書房.
田口真奈・藤田志穂・神藤貴昭・溝上慎一（2004）「FD としての公開授業の類型化――13大学の事例をもとに」『日本教育工学会論文誌』27(Suppl.)：25-28.
田口真奈・福田宗太郎（2018）「コースデザインと授業実践を含むプレ FD プログラムの開発――大学コンソーシアム京都における『人文学入門』を対象に」『日本教育工学会論文誌』41(Suppl)：153-156.
田口真奈・松下佳代・半澤礼之（2011）「大学授業における教授のデザインとリフレクションのためのワークシートの開発」『日本教育工学会論文誌』35(3)：269-277.

田口真奈・松下佳代（2015）「コンセプトマップを使った深い学習――哲学系入門科目での試み」松下佳代・京都大学高等教育研究開発推進センター編『ディープアクティブラーニング』勁草書房，165-187.

田中毎実（1996）「定時公開授業『ライフサイクルと教育』(1)――平成8年度実施のために」『京都大学高等教育研究』2：127-159.

田中毎実（1999）「大学授業のフィールドワークから大学教育学へ――公開実験授業プロジェクト3年間の中間的総括」『京都大学高等教育研究』5：1-22.

余田義彦（1989）「大学教育における電子会議システム利用の試み」『日本養育工学会第5回大会講演論文集』日本教育工学会：117-120.

第Ⅱ部
授業研究を主柱とする校内研修

第 6 章

校内研修の理論的・実践的動向

木原俊行

6.1 校内研修の理論的動向

　校内研修は，多様な方法論に基づいて研究できるし，また実際にそのように研究されている。本節では，まず，校内研修に関する教育学研究の諸相を確認する。そして，校内研修の理論的動向としてマネジメントやコミュニティといった概念を礎にしてこれを把握する傾向があることを踏まえて，経験学習のフィールド，専門的な学習共同体の営み，そして教育的リーダーシップの発揮の舞台という，校内研修を対象とする学術研究のフロンティアを示す。

6.1.1　校内研修をめぐる教育学研究の諸相

　初等・中等学校における校内研修は，教育方法学，教師教育学，教育制度学，教育経営学といった複数の教育学の内容につながる，総合的な教育事象である。教育方法学の見地からすれば，校内研修のテーマやそれを体現する授業の内容・方法がその研究対象となろう。あるいは，その接近方法が吟味されることになる。後者については，例えば，日本教育方法学会が刊行した『教育方法学研究ハンドブック』の索引によれば，校内研修は，「第Ⅴ部　教育実践のための教育方法学研究」の「第 8 章　カリキュラムをつくる」に登場する。ここで，校内研修は，学校におけるカリキュラム改善・改革の舞台として解説されている（西岡 2014）。また，続く「第 9 章　同僚性を育む学校づくり」においては，校内研修という用語は見当たらないが，「学校での共同の実践研究」のあり方，とりわけ子ども，教師，保護者や市民が繰り広げる「学びの共同体」の特徴等

が叙述されている（寺岡 2014）。

　また，教師教育学の視座に基づけば，校内研修によって教師たちがいかなる力量を高めているのか，その学びは教師たちの人生においていかなる場所を占めているのか，その営みは彼らの私的空間とどのような関係を築いているのかといった命題に迫ることが尊ばれよう。さらに，そうした学問的課題を哲学的・歴史的に追究することや国際的に比較検討するアプローチも試みられている。日本教師教育学会が刊行した『教師教育研究ハンドブック』の索引によると，校内研修は次のようなパートに登場する。まず「第四部　教師教育の構造と実践」「第3章　教師の学び」に，「校内研修」という用語は数多く出現する。例えば北田（2017）は，現代社会において教師が何のために何を学ぶかを論じている。そして，そうした目的や力量形成にふさわしい環境としての校内研修の可能性を述べるとともに，その現状や課題を指摘している。あるいは，同ハンドブックの「第五部　教師教育の改革」の一部において，木原（2017a）は，実証研究の成果の整理や学校における実践への自身の接近に基づき，校内研修改革の動向に言及している。それは，ワークショップ型授業研究の重視，リーダーシップの充実，校内研修のネットワーク化である。

　教育工学研究と校内研修も，接点を有している。それは，校内研修の枠組みや手続きに関するモデル，それを実践化するためのツールやプログラムの開発である。例えば，坂元（1980）は，教材の特徴を把握し，目標達成と教材の対応づけを促す「教材の次元分け」という授業設計手法を提案している。また，水越（1985）は，発見学習の単元構成の検討に資する「思考過程のモデル図」の作成という技法を呈している。さらに木原（2009）は，校内研修の企画・運営モデルを描き，その改善を促している。当該モデルでは，授業研究会の企画・運営に対して，その成立条件として，研究テーマの設定，研究組織の編成，年間の活動計画が位置づけられている。また，その持続的発展のための装置として，研究発表会の開催等の外部評価，学力調査等の有効利用，研究紀要等の作成が配置されている。

　教育経営学研究の見地からすれば，校内研修の企画・運営におけるリーダーシップにフォーカスがあてられることとなる。例えば，日本教育経営学会は，

2009年に,「校長の専門職基準」を作成した。それは7つの基準から成るものであるが,基準Ⅲとして「教職員の職能開発を支える協力体制と風土づくり」が掲げられている（日本教育経営学会のホームページ,http://jasea.jp/wp-content/uploads/2016/12/teigen2012.6.pdf）。その具体的内容は,以下のようなものである。

> 基準3「教職員の職能開発を支える協力体制と風土づくり」
> 　校長は,すべての教職員が協力しながら自らの教育実践を省察し,職能成長を続けることを支援するための体制づくりと風土醸成を行う。
> 1）教職員の職能成長が改善につながることの自覚
> 　すべての教職員の職能成長を図ることが,あらゆる児童生徒の教育活動の改善につながるということを明確に自覚する。
> 2）各教職員の理解と支援
> 　教職員一人ひとりのキャリア,職務能力を的確に把握し,各自の課題意識や将来展望等について十分に理解し,支援する。
> 3）共有ビジョン実現のための教職員のリード
> 　学校の共有ビジョンの実現のために,一人ひとりの職能開発と学校としての教育課題の解決を促すための研修計画を立案するよう教職員をリードする。
> 4）相互交流と省察を促す教職員集団の形成
> 　教育実践のありようを相互交流しあい,協力して省察することができるような教職員集団を形成する。
> 5）教職員間の風土醸成
> 　教職員の間に,協働,信頼,公正,公平の意識が定着するような風土を醸成する。

　また,同学会のメンバーたちは,こうした専門性を育むスクールリーダーシップ教育のあり方を論じている（牛渡・元兼 2016）。近年,校内研修を組織マネジメントの見地から,さらにリーダーシップの発揮に注目して学究する傾向が強まっている。以下,それを詳しく論じよう。

6.1.2 経験学習のフィールドとしての校内研修

今日、学術界では経営学習論が存在感を増している。これは、「企業・組織に関係する人々の学習を取り扱う学際的研究の総称である」(中原 2012:2)。中原 (2012) は、経営学習論の枠組みを考察するにあたって、「組織社会化」「経験学習」「職場学習」「組織再社会化」「越境学習」という理論的視座を用意している。これらの視座はいずれも校内研修の企画・運営に適用できると思われるが、すでに「経験学習」[1]と校内研修の接点は開拓されている。

例えば、姫野・益子 (2015) は、ライフストーリー的手法を用いて、教師の経験学習の特質を実証的に解明し、モデル化する研究を行っている。その知見によれば、「教師が『経験から学習する状態』になっているかどうかに焦点をあてると、その流れは幾度となく『開く』と『閉じる』を行き来して（後略）」(p.150) いる。そして、教師が「経験から学習する状態」になる要因の1つに、学校における研究活動への関与があるという。また、彼らは、「学校内のコミュニティにおいて自らの立ち位置を自覚することができない場合は、学校外のコミュニティにそのような機能を求め、学習への開かれ方のバランスを保っている」(p.150) と考えている。

同様に、朝倉 (2016) も、経験学習や職場学習、越境学習の可能性に注目して、中高等学校の体育を担当する教師（体育教師）の信念体系（授業観・研修観・仕事観）とその変容、変容を促す学習環境を実証的に研究し、校内研修がその一翼を担うこと、しかしながら、それは限界を有していることを論述している。

6.1.3 専門的な学習共同体の営みとしての校内研修

30年以上前に、「反省的実践家」としての教師像が確立した。これは、ヒューマンサポートサービスに従事する専門家は、画一的な解が存在しない状況において、絶えざるリフレクションによってそのアクションを充実させている、教職もそれに属するという、専門職理解である。

今日、こうした教師像は、組織論にまで及んでいる。それは、「専門的な学習共同体」という概念の台頭と成熟である。この概念は、鈴木 (2017) によれば、1980年代後半から1990年代の米国における学校改革研究、とりわけ「授業改

革」の『文脈』」として概念化された。生徒の特質に合致した授業を展開できる学校とそれができない学校の差異，同じ学校における教科部の差異は，教師たちのグループが「革新と学習の規範」「省察，フィードバック，問題解決の能力」を有しているか，「民主的な意思決定」によって性格づけられているかといった要素で確認されるという（ただし，鈴木（2017）では，「専門家共同体」という表現が用いられている）。

今日，専門的な学習共同体としての学校の特性等が整理されつつある。例えば，その諸条件に関して，ホードとソマース（Hord, S. M. & Sommers, W. A. 2008）は，「信念・価値・ビジョンの共有」「分散的・支援的リーダーシップ」「集団的学習とその応用」「支援的な諸条件」「個人的実践の共有」を掲げている。また，これらの条件と事例との関係も確認されている。例えば，木原（2012a）は，上述した条件を満たす校内研修の好事例を数多く収集し，当該事例における教師たちの特徴的なアクションを紹介している。

さらに，専門的な学習共同体論に基づいて校内研修の企画・運営を研究する視座は，国際比較にも及んでいる。例えば柴田（2017）は，シンガポールにおける授業研究について言及する際に，その量的拡充の契機として「専門職学習共同体」を教育省が推奨したことを指摘している。

加えて，専門的な学習共同体とこれまでの教育学の知見を交差させる理論展開を図る研究も登場している。例えば，島田（2017）は，若手教師相互のグループメンタリングを専門的な学習共同体の「支援的な諸条件」の1つであると再定義している。

6.1.3 教育的リーダーシップの発揮の舞台としての校内研修

先述したように，教育経営学や学校経営学の研究においても，校内研修は，その対象になっている。そして，それらの学術的展開では，学校長の「教育的リーダーシップ（instructional leadership）」の概念が注目すべきトピックとなっている。例えば露口（2010）は，教育的リーダーシップの具体的行動を紹介している。それには「研修体制の整備」のカテゴリに属する10の行動が記載されいてる。以下のとおりである。

> 53. 教師に対して校外研修に関する情報を積極的に与えている。
> 54. 教育目標に応じた校内研修を設定している。
> 55. 教師のニーズに応じた校内研修を設定している。
> 56. 教師に対して、教育論文や研究論文に触れさせる機会を設けている。
> 57. 校内研修の機会を通して、積極的に教師に対する指導・助言を行っている。
> 58. 校内研修の実施においては、授業改善や児童の成長に寄与するような研修となるように十分配慮している。
> 59. 校内研修の実施において、教育センターや大学から外部講師を招聘している。
> 60. 校内研修の実施において、教師が指導方法などについて十分議論ができるように、たっぷりと時間を配分している。
> 61. 校内での研究授業には、できる限り多くの教師が参加するよう指導している。
> 62. 校内研修の反省会を、学年・教科単位だけではなく、全校規模で行うことがある。

　また、学校長が上述したような教育的リーダーシップを十全に発揮するためには、彼ら自身の学習がその前提となるという命題に実証的に迫る研究も試みられている。例えば、島田・木原（2018）は、特色あるカリキュラムの開発を推進している小学校3校の学校長に、その軌跡、そこで彼らが果たした役割、それに必要とされた学びについてインタビューを実施し、学校長が、カリキュラム開発の成立と充実に向けて問題解決を繰り広げていること、それには学びが必要となる場合が少なくないことを確認している。そして、その特徴として、以下の4点を明らかにしている。まず、リソースの確保と活用に関する問題の解決にむけて、特に強く彼らに学びが必要とされていた。次に、カリキュラム開発に伴う学校長の学びの方法には、「自己の経験の省察」「他者からの助言の吸収」「文献等の読解」「実地経験」という4つのレパートリーがあった。加えて、そうした学びには感情的揺らぎへの対処を伴っている場合が少なくなかった。さらに、学校を基盤とするカリキュラム開発のための学校長の学びは、一般のリーダーシップ開発に比して、臨床性が強く、状況依存的であった。

6.2　校内研修の実践的動向

　校内研修は，これまで述べてきたような理論等で解釈されたり開発されたりするだけでなく，各学校の教師たちの日々の実践として営まれている。それは，教育行政や教育環境・条件の変化に影響され，その特質や力点を変える。本節では，校内研修の実践的動向，すなわち校内研修の今日的特徴を，量的充実，質的充実，そして課題に分けて述べる。

6.2.1　その量的充実
① 背　景

　近年，日本の小中高等学校における校内研修は，その数が増した。これは，ここまで述べてきたような理論的潮流が間接的には影響しているものの，直接的には，教育行政のプレッシャーに基づく。すなわち，子どもの学力向上を実現するためには教師の授業力量を高める必要があるという論理がトップダウン的に教師たちに与えられ，校内研修が企画・運営されることが増えた。

　学ぶ機会が増えることは，教職が専門職である以上，望ましいことだ。しかし，上述したような傾向には，ある種の課題も見出される。それは，授業のスタンダード化を伴っている点である。教育行政は，識者の意見を吸収したり，いくつかのデータをもとにしたりして，子どもたちの知識・理解の徹底や思考・判断・表現の充実を促す授業の特徴を見出し，それをモデル化し，スタンダードとして学校や教師に示す。それは，重要な参考情報だ。確かに，子どもたちが集中したり，「わかった」と実感したりする授業には共通する要素がある。例えば目標や学習過程を提示・確認することは，子どもの学力を高める授業には不可欠であろう。子ども間の対話は，社会構成主義的な見地からすれば，学びの舞台では絶対的な存在だ。しかしながら，それらの教授行為は，教室や学校の固有の文脈が尊重され，考慮されて初めて，有効に働く。いつどのように目標を確認するのか，子ども間の学びあいをどのように進めるのか——教室の現実に即した，そうした熟慮的意思決定を伴ってこそ，授業のスタンダードは

子どもの学びに資する。

　授業のスタンダードが作成され，それが教師たちのモデルやツールとして存在する状況は，後述するような校内研修の量的充実を促しつつ，授業の形骸化を招く危険性も帯びている。

② 実　態

　ここでは，文部科学省が毎年度に教科に関する調査と同時に実施している「学校質問紙」等のデータを分析して，最近の校内研修の実態に迫ろう。「学校質問紙」は，教科に関する調査の対象児童生徒が所属する学校が，その状況や取り組みに関する質問に回答するものである。質問の内容は，児童生徒の学習態度や指導方法・学習規律に関するものから，学力向上に向けた取り組み等，コンピュータなどを活用した教育，家庭学習・家庭との連携等，極めて多岐にわたる。そして，学校質問紙には，「教職員の資質能力の向上」に関する質問項目も用意されている。その代表的なものは，次のとおりである。

---

① 学校でテーマを決め，講師を招へいするなどの校内研修を行っていますか
② 模擬授業や事例研究など，実践的な研修を行っていますか
③ 教員が，他校や外部の研修機関などの学校外での研修に積極的に参加できるようにしていますか
④ 授業研究を伴う校内研修を前年度，何回実施しましたか

　平成29年度の結果を確認してみよう。まず，①については，小学校の65.6％，中学校の49.7％が，「よくしている」と回答している。その数値は，この調査が始まった平成19年度はそれぞれ，56.2％と35.0％であった。また，②については小学校の63.4％，中学校の46.6％が「よくしている」と回答している。いずれも，平成19年度の結果に比べると，10％以上もその割合が高まっている。③についても同様の傾向を確認できるが，中学校は，「よくしている」と回答している学校の割合が，34.4％（平成19年度）から，48.2％（平成29年度）と，著しく増えている。

④授業研究を伴う校内研修の実施回数の回答結果を検討してみよう。平成29年度の調査において，小学校については，「年間15回以上」と回答する学校が27.0％で最頻値となっており，その量的充実が再確認された。一方，中学校の場合は，最頻値となった回答選択肢は全体の23.4％を占めた「年間3回から4回」であった。ただし，中学校は，平成19年度には，「年間1回から2回」や「まったく実施していない」と回答する学校の割合が19.4％を占めていたが，それが，平成29年度には，8.9％まで下がっている。これらの結果は，平成19年度の調査結果と平成21年度のそれを比較検討した木原（2012b）の知見と同様であり，長期的な傾向にあるといってよかろう。

③ 量的充実のためのシステム化

校内研修の量的充実は，その企画・運営のシステム化に支えられている。木原（2012b）は，自身も参加した国立教育政策研究所のプロジェクトチームによる大規模調査の結果から，その重要性を指摘している。この調査は，小学校，中学校，高等学校における校内研修を対象とするものであったが，校内研修の「組織化」が「学校の質」の高まりと関連することを論じている。

また，木原（2017b）は，中国の教師たちの授業観察のルーチン化の好事例を紹介している。それによれば，哈爾浜市内の中学校では1カ月に4回の授業観察がルール化されている。哈爾浜師範大学附属高等学校の場合は，他者の授業の観察が教師たちになんと1週間に2度も義務づけられているそうだ。さらに，そうした授業観察や授業評価は，授業記録や授業に対する気づきのレポート化，当該文書の学校長等への提出も伴わなければならないと聞いた。

6.2.2　その質的充実
① 新しい教育課題への対応

公教育にたずさわる教師たちが取り組む校内研修は，必然的に，その地域やその時代の影響を受ける。日本の場合であれば，ほぼ10年のサイクルで改訂される学習指導要領が求める授業像に迫るための研鑽の舞台として校内研修は企画・運営されることが多い。筆者が本章を執筆している2018年度は，2020年度

から小学校で全面実施となる学習指導要領の移行期間がスタートした年度である。ここ数年，一般的には，教師たちは，新しい学習指導要領の特徴や枠組みに応ずるための校内研修を尊んでいる。それは，① 資質・能力の育成，② 主体的・対話的で深い学び，③ カリキュラム・マネジメントに代表されよう。

カリキュラム・マネジメントは，教科横断的な視点に基づいた授業づくり，それに基づいた教育内容の組織化を教師・学校に求める。カリキュラム・マネジメントを意識した校内研修の取り組みの内容・方法について，木原（2017c）は，① 単元計画や年間指導計画の工夫―重点単元の設定―，② 授業づくりに関する記録の可視化，③ エビデンスの収集と活用等を指摘している。

② エビデンスの収集と活用

木原（2017c）が述べるように，また，2016年の中央教育審議会の答申でも整理されたように，カリキュラム・マネジメントの充実には，各種の調査の実施，それを通じたカリキュラム評価のためのデータの収集と活用という営みが欠かせない。こうした活動は日本では校内研修の一翼を担うものであったが，それが再評価されることとなった(5)。また，木原・島田・寺嶋（2015）の調査に依れば，校内研修を継続・発展させている学校では，教師たちが，その過程において，自校の取り組みの特長を説明するためのエビデンスを収集し，それを糧にして実践研究を持続的に発展させていた。例えば彼らが調査対象としたH小学校では，教師たちが，校内研修の成果を可視化できるデータ（算数に関する学力調査の結果）を収集・分析し，それを研究発表会等で報告していた。それは，同校の教師「集団」がエンパワーメントするための術や機会となっていた。

③ 他の組織との連携

校内研修は，学校を単位とする営みである。しかし，その充実を企図して，これに他組織との協力を位置づける傾向が強まっている。まずは，学校間ネットワークである。例えば，小中学校の教師たちが校種を越えて学び合うことは，かなりの程度一般化されている。それは，両校種の教師たちが一堂に会して講師の講演を聴くといったハードルの低いものから，一貫カリキュラムを作成す

るといった敷居の高いものまで，様々だ。⁽⁶⁾学校課題を同じくする学校の共同研究も発展しつつある。これまでにも，わが国では，校内研修のテーマや学校課題を同じくする学校の教師たちが合同授業研究会を催すといった，ある主の共同研究が繰り広げられてきた。また，木原（2011）が紹介しているように，学力調査の結果が教師たちのプレッシャーになっている状況の北米においても，学校間のピアアセスメント，各学校が策定する学校改善プランの妥当性やさらなる可能性を見出すための営みが登場している⁽⁷⁾。

　こうした取り組みは，教育委員会という組織に支えられることが少なくない。その際，教育委員会指導主事はコンサルテーションを繰り広げることになるが，その枠組みや実際は，本書の第8章において詳述される。さらに，教員養成学部・大学とのパートナーシップによって校内研修が盛んになっている⁽⁸⁾。そして，それは，理論と実践を往還する学びをカリキュラムに有する教職大学院の創設によって，いっそう加速している。

6.2.3　その課題

　教師が日々学校でその力量を発揮していることからすれば，専門職である教師たちは，校内研修によって自身の力量を高める志向性を有するべきである。しかしながら，教師の力量形成の機会や舞台は，校内研修だけではない。教育委員会が企画・運営する行政研修は，その形骸化が問題視されるものの（稲垣・佐藤 1996），その刷新が図られている。例えば，教育センター等で実施される集合研修にアクティブ・ラーニングを取り入れて教師たちの専門的な学習を活性化するといった，その内容・方法の工夫・改善が進められている。しかも，今日，教員の任命権者である教育委員会は，その資質・能力に関わる育成指標を定め，それに応ずるための行政研修を企画・運営しなければならない。それゆえ，教師の力量形成に関わるフォーマルな営みはその影響力を増している。

　他方，我が国の教師たちは，例えば自主サークル等に参加して，勤務時間外に積極的に学ぶ文化を有している（田中 2005）。そうしたコミュニティにおける学びが教師の力量形成に大きな影響を与えていることは，教師のライフストーリー研究（ライフコース研究，ライフヒストリー研究）において，実証的に明

らかにされている（例えば，山崎 2002，2012）。それに加えて，例えば，教職大学院をはじめとする大学院における学修，オンライン講座の受講等，教師たちの自己研修のレパートリーは増している。

　一人の教師の専門的力量の形成に関して，校内研修がどのような位置を占めるのか。それは，行政研修や自己研修とどのような関係を築くのか。山崎(2017) が指摘するように，教師の学びにはダイナミズムがある。それを是とし，自身の専門職としての成長を一人ひとりの教師がデザインし，実行できるシステムの開発や制度の構築が待望される。

注

（1）　「経験学習」の考え方については，松尾（2011）が参考になる。松尾（2011）は，コルブ（Kolb）の経験学習モデルを修正し，「具体的経験をする」「内省する」「教訓を引き出す」「新しい状況に適用する」という学習サイクルを提唱している。また，その質を高めるためには，「適度に難しく明確な経験を積み」「結果に対するフィードバックをえながら内省し」「そこで得た教訓を次の機会に試してみる」ことを伴う必要があると述べている。

（2）　この行動群は，Hallinger & Murphy（1986）が，教育的リーダーシップを構成する11のカテゴリに基づいて作成したものである。それらには，「研修体制の整備」以外に，教育目標設定，コミュニケーションによる教育目標の浸透，教育活動の監督と評価，カリキュラム管理・調整，児童の成長の把握，学習環境の整備，児童への直接的指導，教師のモチベーションの高揚，学力基準の設定と強化，学習に対する動機づけという10のカテゴリが設定されている。

（3）　国立教育政策研究所のホームページの「平成29年度　全国学力・学習状況調査」の報告書ページ（http://www.nier.go.jp/17chousakekkahoukoku/report/data/17qn.pdf）を参照されたい。

（4）　校内研修の内容等は，もちろん，学校が置かれた状況や学校の取り組みの歴史にも強く影響される。木原（2006）は，校内研修のテーマが満たすべき要件を，① 時代性，② 共通性，③ 多様性，④ 具体性，⑤ 地域性や独自性に整理している。同時に，テーマ設定は，「社会的要請と学校の歴史・伝統の統合」「共通性と多様性の両全」という，矛盾や葛藤への対応を伴うものであることを解説している。

（5）　木原（2006）は，すでに大正期の校内研修において，児童の実態等に関する調査に基づいたカリキュラム開発が行われていたことを指摘している。また，

学力調査の実施や結果分析を校内研修活動にどのように組み入れるかについて論じている。例えば，学力調査結果の分析方針には，① 能力・資質のバランス，② ズレの確認，③ 新しい発見の解釈，④ 継続的実施と縦断的分析，⑤ 地域等の平均値との比較が考えられるが，それが校内研修の発展に寄与するためには，①や④のスタンスが望ましいと述べている。
（6）　木原（2010a）は，異校種連携のための教師間の連携を，① 子どもの学力等に関する情報やデータの交換・共有，② 指導の重点項目の共通理解，③ ティーム・ティーチングの展開，④ 学習集団の柔軟な編成に分類している。
（7）　木原（2011）では，カナダの Grand Erie 地区の学校間の協力体制である，TLCP（Teaching and Learning Critical Pathway）という複数の学校の合同教員研修が紹介されている。また，米国のある地域では，IR（Instructional Round）という，学区単位の授業研究会がシステム化されている（City, E. A. et al. 2009）。
（8）　詳細は，木原（2017d）の教育工学的アプローチによる教師教育のベクトルの1つである「制度的アプローチ」のくだりを参照されたい。
（9）　木原（2010b）の整理に寄れば，校内研修は，共通性と個別性が交差するタイプの教員研修である。

引用・参考文献

朝倉雅史（2016）『体育教師の学びと成長』学文社．

City, E. A., Elmore, R. F., Fiarman, S. F. and Teitel, T. (2009) *Instructional Rounds in Education: A Network Approach to Improving Teaching and Learning*. Harvard Education Press.

Hallinger, F. & Murphy, J. (1986) Assessing the instructional management behavior of principals, *The Elementary School Journal*, 86(2), 217-247

Hord, S. M. & Sommers, W. A. (2008) *Leuding Professional Learning Communities: Voices from Research and Practice*, Corwin Press.

姫野完治・益子典文（2015）「教師の経験学習を構成する要因のモデル化」『日本教育工学会論文誌』30：139-152．

北田佳子（2017）「第1節　専門職としての教師の学び」日本教師教育学会編『教育教育研究ハンドブック』学文社，262-265．

木原俊行（2006）『教師が磨き合う学校研究』ぎょうせい．

木原俊行（2009）「授業研究を基盤とした学校づくり」日本教育方法学会編『日本の授業研究　下巻』学文社，127-137．

木原俊行（2010a）「授業改善，カリキュラム開発と校内研修」北神正行・木原俊

行・佐野享子『学校改善と校内研修の設計』学文社，117-137.
木原俊行（2010b）「教師の職能成長と校内研修」北神正行・木原俊行・佐野享子『学校改善と校内研修の設計』学文社，46-63.
木原俊行（2011）『活用型学力を育てる授業づくり』ミネルヴァ書房.
木原俊行（2012a）「授業研究を通じた学校改革」水越敏行・吉崎静夫・木原俊行・田口真奈『授業研究と教育工学』ミネルヴァ書房，93-122.
木原俊行（2012b）「わが国の授業研究の実態と展望」水越敏行・吉崎静夫・木原俊行・田口真奈『授業研究と教育工学』ミネルヴァ書房，169-189.
木原俊行（2017a）「第6章 校内研修の改革」日本教師教育学会編『教育教育研究ハンドブック』学文社，358-361.
木原俊行（2017b）「中国における Lesson Study」小柳和喜雄・柴田好章編『Lesson Study（レッスンスタディ）』ミネルヴァ書房，120-142.
木原俊行（2017c）「カリキュラム・マネジメントの充実に資する校内研修」『実践国語研究』34，明治図書，6-7.
木原俊行（2017d）「教師教育と教育工学の接点――教育工学的アプローチによる教師教育の今日的展開」木原俊行・寺嶋浩介・島田希編『教育工学的なアプローチに基づく教師教育』ミネルヴァ書房，1-19.
木原俊行・島田希・寺嶋浩介（2015）「学校における実践研究の発展要因の構造に関するモデルの開発――『専門的な学習共同体』の発展に関する知見を参照して」『日本教育工学会論文誌』39：167-179.
松尾睦（2011）『職場が生きる人が育つ「経験学習」入門』ダイヤモンド社.
水越敏行（1985）『授業研究の方法論』明治図書.
中原淳（2012）『経営学習論』東京大学出版会.
西岡加名恵（2014）「第8章 カリキュラムをつくる」日本教育方法学会編『教育方法学研究ハンドブック』学文社，386-393.
坂元昂（1980）『授業改造の技法』明治図書.
島田希（2017）「教師の力量形成の理論的動向」木原俊行・寺嶋浩介・島田希編『教育工学的アプローチによる教師教育』ミネルヴァ書房，40-57.
島田希・木原俊行（2018）「学校を基盤としたカリキュラム開発に資する学校長の学びの特徴――3つのケースの比較を通じて」大阪市立大学大学院文学研究科（編）『人文研究』69：21-39.
柴田好章（2017）「シンガポールにおける Lesson Study」小柳和喜雄・柴田好章編『Lesson Study（レッスンスタディ）』ミネルヴァ書房，143-164.
鈴木悠太（2017）『教師の「専門家共同体」の形成と展開』勁草書房.
田中耕治（2005）「序章 戦後における教育実践のあゆみ」田中耕治（編）『時代を

拓いた教師たち』日本標準, 13-34.
寺岡英男（2014）「第9章　同僚性を育む学校づくり」日本教育方法学会（編）『教育方法学研究ハンドブック』学文社, 394-401.
露口健司（2010）「スクールリーダーシップの行動論的／解釈論的アプローチ——校長の教育的リーダーシップを事例として」小島弘道・淵上克義・露口健司『スクールリーダーシップ』学文社, 97-112.
牛渡淳・元兼正浩編（2016）『専門職としての校長の力量形成』花書院
山崎準二（2002）『教師のライフコース研究』創風社.
山崎準二（2012）『教師の発達と力量形成続——教師のライフコース研究』創風社.
山崎準二（2017）「教職の専門家としての発達と力量形成」日本教師教育学会編『教育教育研究ハンドブック』学文社, 18-21.

第7章

授業研究・校内研修推進のための
　マネジメントサイクルとリーダーシップ

田村知子

7.1　マネジメントの意義と課題

7.1.1　はじめに

　授業研究・校内研修は，教職員の力量向上機能のみならず，学校の課題解決過程に位置づけられ，それを通した学校改善機能が期待されてきた（中留 1994 他）。特に近年では，授業研究・校内研修は，カリキュラムマネジメント論や学校組織開発論との関連において把握されるようになった。そのため，授業研究・校内研修のマネジメントサイクルは，本時や単元レベルの短期スパンだけでなく，年間指導計画レベルの長期スパンにまで視野を拡大し，学校戦略の中核に位置づけられるようになってきた。本章はマネジメントの観点から，授業研究・校内研修のフロンティアに迫る。

7.2.2　授業研究・校内研修推進上の課題

　わが国では，特に小中学校においては，授業研究は一般化しており，大半の学校で実施されている[1]。授業研究は Lesson Study として国際的に注目を集め，国内でも授業研究・校内研修の価値が再認識されている一方，形式化，形骸化，マンネリ化，閉鎖性，時間不足といった課題の存在が指摘されてきた。より詳細には，① 授業研究への意識，② 研修の内容，③ 教師の課題意識，④ 研修計画と教員個々の課題の連動，⑤ 研究・研修と実践の有機的関連性，⑥ 研修資料や情報の収集，⑦ 研修の評価，⑧ 研修時間，⑨ 研修組織，⑩ 校内研修のリーダー育成などの課題が指摘されてきた（北神 2010b）。近年では，「実践指

導力重視の教員養成改革が展開する中，それが即戦力重視へと矮小化され」教師にとって「学びの機会が，養成段階でも現職研修の段階でも空洞化」した結果，教師たちは教育の理念や方向性，自らの実践の意味などを「自前の言葉と論理」によってではなく，「学習指導要領などからの借り物の言葉でしか語れなくなってしまった」という鋭い批判もなされている（石井 2017：12）。

　これらの問題を克服し，教職員個々の学びと組織的な学習を十全に保障し，学校改善に資するマネジメントは，実践上および研究上の課題であり続けてきた。上述の①②③④⑤⑦は，いかに校内研修の課題・内容を設定するかについての課題，つまり校内研修の計画と評価（両者は連動する），つまりマネジメントサイクルに関する課題である。⑥⑧は情報や時間といった資源に関する条件整備，①⑨は組織体制と組織風土，⑩はリーダーシップの課題である。

　そこで本章では，授業研究・校内研修推進のためのマネジメントサイクルとリーダーシップの開発という課題に焦点化した議論を展開する。

7.2　校内研修推進のためのマネジメントサイクル

7.2.1　授業研究・校内研修のマネジメントサイクル

　学校経営をトータルシステムとみなした場合，授業研究・校内研修は，その重要なサブシステムであり，学校改善のツールでもある。一方，授業研究・校内研修それ自体がマネジメントの対象でもあり，「校内研修経営」（中留 1994）の必要性が指摘されてきた。図7-1（中留 1994：8）には，上から，学校全体，グループ（分掌ないしチーム），教師個人という各研修主体が相即的に対応しながら推進されるPDSのマネジメントサイクルが描出されている。計画段階（P）では，学校課題と分掌・チームの研究・研修の目標と教師個人の研究・研修目標の有機的関連を確保するために，研修ニーズの分析（図7-1中のA）を踏まえた研修内容の選定（図7-1中のB）が必要であることが示されている。また，インプット（研修の需要，図7-1中のⅠ）とアウトプット（研修の成果，図7-1中のⅢ）の整合性を図るため，計画段階で予め研修成果の指標の開発（図7-1中のC）が折り込まれている。そしてこれらを戦略として計画すべきこ

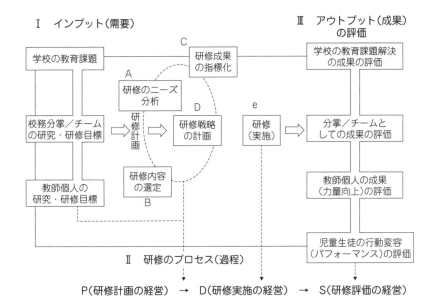

図7-1 学校改善を促す研究・研修マネジメント・モデル（中留 1994：8）

とが示されている（図7-1中のD）。

　なかでも、「研修成果の指標価（図7-1中のC）」は特筆すべき点である。これが実施段階に先立つ計画段階に位置付けられているということは、一連の校内研修の「逆向き設計」（ウィギンズ&マクタイ，西岡訳 2012）とみなされよう。そして、評価の具体的な考え方として、① 評価の対象・視点としてP・D・S各段階，② 研修主体の組織レベル（学校全体，分掌・チーム，教員個人，そして三者間の各関係性），③ 研修機能（協働）とを掛け合わせた三次元モデルを提案している。この観点から、PDS各段階に即した具体的な評価項目例が挙げられている（中留 1994：221-225）。

　さらに中留（1994）は、効果的な校内研究・研修の条件として、次の3点を挙げた。① 学校内外に開かれていること。健康な組織風土と人間関係。内外からの支援。② 目標の共有化と整合性を図る。③ 子どもの変容した姿を仮説として検証する実践的な研究方法（中留 1994：12-13）。

　このような緻密に描き出された校内研修経営のプロセスは現在まで通用するものであるが、次の2点において改善を要するだろう。第1に、組織学習とし

てのダブル・ループ学習の明確な位置づけである。第2に，カリキュラムマネジメントとの連動である。以下，これらの課題について述べる。

7.2.2 組織学習としてのマネジメントサイクル

　授業研究・校内研修は，学校が知を集積し磨き上げる組織学習とみなされる。次節図7-2にあるように，知識経営の核ともいえる。石井（2017）は「授業研究のサイクルは，教師の哲学によって発展の方向性が規定される」とともに，その「逆に，教育活動の構想・実施・省察のサイクルの中で，教師の実践上の哲学と理論は再構築されていく」「教育活動の構想・実施・省察のサイクルが，教師の実践的研究のサイクルになるかどうかは，それを通して教師の哲学，理論，技能の洗練や再構成が促されるかにかかっている」として，授業研究が，「目標や評価の妥当性自体も検討対象」とするダブル・ループ学習として展開される必要性を説く（石井 2017：17）。中留・田村（2014）もカリキュラムマネジメントにおいて，目標の妥当性の問い直しを主張してきた。授業研究・校内研修はカリキュラム・マネジメントと連動しながら，目標や評価規準の妥当性や教師の「観」をも検討対象とするマネジメントサイクルを意識するべきことが提唱されているのである。そのような深い組織学習のためにも，全国的な教育の流れや教育課題，自校の児童生徒の実態や研究の歩みなどについて，教師たちが自分の言葉でじっくりと話せる機会や場を保障することがマネジメントの課題である。そのためには，教師の研究・研修のための時間を保証することが喫緊の課題であるが，国際経済協力機構（OECD）の調査（TALIS 2013）では，わが国の教員の研修意欲の高さと同時に，研修参加を阻害する多忙さが確認された（国立教育政策研究所 2014）。研修は教師の義務であり権利である。専門性の源泉でもある。シンガポールでは，新教育課程の実施にあたり，学校教員数を1割増，週2時間の教材研究時間確保などのトップダウンの支援策を実施した（池田 2018）。学校における「働き方改革」が喫緊の課題であるわが国においても，思い切った行政の支援が必要とされる。一方，各学校においても，授業研究・校内研修の時間を確保するタイムマネジメントとともに，授業研究・校内研修の効果と効率化の両立が模索されている。

7.2.3 授業研究・校内研修とカリキュラムマネジメントとの連動

平成29 (2017)・30 (2018) 年改訂学習指導要領「総則」には、「カリキュラム・マネジメント」が学習指導要領の理念を実現する鍵として初めて明記された。カリキュラムマネジメントの概念は、教育課程経営論を基盤としつつ、総合的な学習の時間を新設した平成10 (1998)・11 (1999) 年学習指導要領改訂の前後から学界にて提唱され始めた。カリキュラム開発の条件整備面に焦点化し、教育方法学と教育経営学の結節点にある概念であり方法論である。授業研究・校内研修とカリキュラムマネジメントとの関連性についてモデル化を試みたのが Kuramoto (2014) による図7-2である。

Kuramoto (2014) は、授業研究は、カリキュラムマネジメント概念にとって必要な要素であり、カリキュラムマネジメントの実行に当たり重要な役割を果たす、と強調する。図7-2は、単位学校のカリキュラムマネジメントの中心は専門職学習共同体 (Professional Learning Community: PLC) による知識経営であり、その中核に授業研究が位置づけられている。これら三つが連動して、ポジティブな学校文化の創造や教師の自律性、問題解決スキルの学習、コミュニティに対する責任の遂行などを促進し、学校改善につながると論じられている

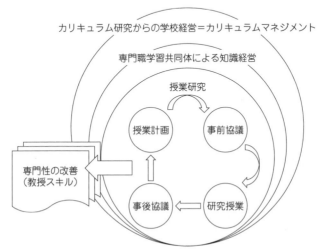

図7-2 カリキュラムマネジメントと授業研究の構造（個別の単位学校の場合）（Kuramoto 2014: 16より田村が訳出）

(Kuramoto 2014)。

　このように，授業研究，カリキュラムマネジメント，学校経営を連動してとらえる場合，カリキュラムマネジメントの「基軸」である「つながり（カリキュラム上の連関性と組織上の協働性（中留 2001））は，授業研究においても「基軸」となりうる。そこで，次節では，授業研究・校内研修のマネジメントにおける「つながり」を論じる。

7.2.4　「つなぐ」校内研修
　それでは，授業研究・校内研修においては，何を「つなぐ」ことが有効なのだろうか。

① 個人の研究と組織の研究をつなぐ
　組織的な授業研究・校内研修に個々の教師が意欲的に参加するためには，教師にとって自身の研修ニーズと組織の研究課題の間の連結が実感される必要がある。学校組織開発に関する一連の佐古らの研究では，校内研修会自体を協働化のための「コア・システム」として位置づける。そこで重視されるのは「課題生成」のフェーズである。一連の研究では，課題生成フェーズにおいて，個人の課題が組織課題へと昇華していく態様が析出されている。すなわち，「課題生成」フェーズに全教職員が関与することにより「指し手意識」を醸成することが有効としている（佐古・中川 2005；佐古・山沖 2009；佐古・宮根 2011）。同様に，田村は事例研究により，計画段階や評価段階への参画が教員の主体性を導くことを論じている（田村 2006）。

② 研究授業と研究授業をつなぐ
　各教職員の力量や課題には個別性が存在するが，組織として研究を行う以上，各研究授業がつながっている必要があるだろう。研究テーマでつながっているのは無論のこと，前回の研究授業で明らかになった成果を次の研究授業でも再検証する，あるいは前回の研究授業で解決できなかったり新たに浮上したりした課題について次の授業で解決を試みる，という視点である。具体的には，研

究授業後に「研修便り」などを発行し今回の研究授業の成果と課題を再確認する，次の回の学習指導案に「前回の研究授業を振り返って本時の課題設定」の欄を設けるといった手立てを講じることにより，「リレー研修」とする事例もある。

③ 研究授業と通常の授業をつなぐ

　研究授業の成果が通常の授業に反映されてこそ，成果のある研修といえる。日常の授業において，研究テーマを意識した授業をデザイン・展開したいところである。柳川市立矢ケ部小学校では，少なくとも週に1単位時間は，学校の研究を特に意識した授業を実施し，その授業を管理職等が参観しフィードバックしていた。それを促す具体的な手段として，元々管理職への提出が義務付けられていた週案の様式の一部を次のように工夫した。即ち，週に1時間は研究テーマを意識した授業を行うことを基本とし，週案に「今年度の重点教育目標」「(今年度の重点教育目標に関わる) 今週の重点目標」「(今週の重点目標を実現するための) 具体的方策」「(具体的方策に対する) 評価・改善策」を記載する欄を設け，それを当該授業の略案の代用としたのである。その週案に示された授業については，管理職または主幹教諭が参観し，授業者にフィードバックを与えた（田村 2014：27-28）。このような工夫により，普段の授業においても，学校の研究テーマや個人の実践課題を意識化することが可能である。

④ マネジメントサイクル各段階間をつなぐ

　P段階とD段階をつなぐためには，全教職員が研究主題に積極的に意義を見出し納得し意欲をもち，かつ，めざす子ども像や開発すべき授業像について具体的なイメージをもてるようにすることである。そのためには，個人の研修課題と学校組織としての研修課題の連動を感じられるように，研究テーマ設定への参画，あるいは研究テーマ提示時に「わが学級のあの子なら……」「私の教科のあの単元なら……」と具体的に考える機会を設けることが有効だろう。そうすることにより，目標や研究テーマと，個々の研究授業との間をつなぐことにもなる。これは先述の①と重なることである。

C・A段階と次のサイクルのP・D段階をつなぐためには，学校評価およびカリキュラムマネジメントのマネジメントサイクルと連動させることが有効だろう。

⑤ 本時をカリキュラムにつなぐ

本時－単元－年間指導計画－教育課程とをつなぐ。カリキュラムマネジメント・マインドをもって授業研究を行うということである。具体的には，総合的な学習の時間の研究授業後の研究協議会において，当該学年分の教科書を持ち寄り教科間の関連性を見直す，当該研究授業をもとに年間指導計画を見直す，といった事例がある（村川 2016：50）。

⑥ 個人研修と校内研修，集合型研修をつなぐ

②で既述したが，個人研修課題と校内研修課題をつなぐことが意欲を促進する。さらに，集合型研修で特定の個人が得た知見を校内にて共有する際，校内研修のテーマに貢献するのはどの部分か，ということで優先順位や強弱をつけて伝達することも考えられる。

7.3　校内研修を推進するリーダーシップ

校内研修の推進に関しては，校長のトップ・リーダーシップだけでなく，実際の研究推進を担う研究主任や教務主任のミドル・リーダーシップが着目される。ミドル層への注目は，近年，発展・拡充が顕著である分散型リーダーシップ・アプローチの概念に適合する。分散型リーダーシップ・アプローチとは，「リーダーシップを組織現象として捉えたうえで，組織の多様な状況において多様なリーダーが対話や人工物の活用などを通して対人影響力を行使しているとする「分散型モデル」に立脚する。」（露口 2018：14）すなわち，校長などのトップ・リーダーだけでなく，「目標達成に向けての同僚支援」を行う教員リーダーに着目する（露口 2018：15）。

例を挙げる。授業研究を中心とした学校改革に成功した東村山市立大岱小学

校では，改革の最終年平成23年度当時，授業研究・校内研修の大黒柱は，組織改革などに果敢に取り組む校長の強い意志とリーダーシップであった。しかし，副校長の教育的リーダーシップの果たす役割も大きかった。副校長は，授業開発能力が高く，若い教師の教材開発を支援するなど，厚い信頼を得ていた。ベテランの主幹教諭は率先して研究授業を行い，新規開発の授業公開にチャレンジし，自らの授業を批判的検討の俎上に載せるという形で，範を示していた。研究主任は教職3年目から研究主任を5年間務め，明確に研究の方針を示す強さを培っていた。研究主任は，若手の同僚教師たちの意見を吸い上げ，これらを管理職に意見具申することも多かった。このように，各人が職責と個性に応じて，頼れる存在としてリーダーシップを分有し行使していた。校内にはこれらのリーダーシップが集積・統合された集合型リーダーシップがあったといえる（村川・田村・東村山市立大岱小学校 2011）。

　授業研究を中心とする校内研修においては，ミドルの中でも研究主任の役割機能が重要視されてきた。北神は，研究主任の役割課題として，① 校内研究の方針の策定，② 具体的な研究推進を挙げる。そして，① 校内研究の方針の策定に関しては，研究によって解明することや，その実践的・理論的な意義や意味を明確にしてメンバーに伝えて参加意欲を引き出す力量が求められ，② 具体的な研究の推進については，その過程で生じる問題に対する問題解決力量，教員を動機づけ協働体制を確立する指導助言力量，組織内のコンフリクトを解消する調整力量が必要だと述べる（北神 2010a）。

　実際，研究主任は様々な問題を解決していかなければならない。研究主任が直面する課題について，筆者もメンバーであったプロジェクトにおいて，宮崎県教育センター・宮崎大学は研究主任の直面する問題状況を示す校内研修診断の17項目のチェックリストを作成した。報告書には，これらの問題を解決するためのポイントと具体的な手立てが提案されている。表7-1はチェックリストと課題解決のポイントをまとめたものである（宮崎県教育センター・宮崎大学 2016）。

　教員のモチベーション高揚（項目1）や同僚性・協働性（項目15）など旧来からの問題点に加え，小中一貫校で異なる学校文化を持つ小学校教諭と中学校教諭が合同で行う授業研究（項目7），学校の小規模化に伴う教員の負担の大

表7-1 校内研修活性化モデルに基づくチェックリストと課題解決のポイント

校内研修推進担当を主な対象とした項目

	チェックリスト	課題解決のポイント
1	校内研修に対する教職員のモチベーションが上がらずに困っている。	校内研修の意義について共通理解する場の設定
2	研究主任自身が自己の役割について明確に理解できていなくて困っている。	校内研修のマネジメントをする役割，校内研修の推進方法の工夫を行う役割，校内研修の環境整備を行う役割
3	学校の課題の分析や共有をどのようにすればよいかわからずに困っている。	諸調査及び教職員での協議による学校課題の把握，校内研修の評価を念頭においた学校課題の共有
4	校内研修のゴールイメージの考え方と生かし方がわからずに困っている。	ゴールイメージの可視化，ゴールイメージの振り返りの場の工夫
5	研修計画立案後の研修の進め方が分からずに困っている。	研究主任のリーダーシップ，研究の視点に基づいた授業研究会による授業の変革
6	研究組織がうまく機能せず困っている。	校内研修の組織化，研究推進委員会における協議時間の確保，経験豊かな人材の効果的活用
7	一貫校の場合，校種が違うと学校文化も違い，研修が上手く推進できずに困っている。	小学校文化と中学校文化の相互理解，共通の視点による日常的な学び合いの場の設定
8	教職員が少ないため，一人一人の校内研修に関わる業務分担が多く困っている。	全教職員参加の役割分担，効率的な校内研修の運営，会議や提出物などの精選
9	研修過程の可視化をどのようにしていいか分からずに困っている	研修過程における短期スパンのPDCAサイクル，研究授業の可視化
10	校内研修の内容が日常の教育活動の改善につながらずに困っている。	日常の教育実践につながる校内研修内容の設定や研修方法の工夫，校内研修内容の焦点化
11	参加体験型の協議など，効果的な研修にするには，どのような研修方法があるか分からずに困っている。	その時間の研修の目的の明確化，目的に応じた研修形態の選択，研修の環境づくり
12	研修会において発言者が固定化しがちで，研修の雰囲気づくりに困っている。	ファシリテーターの役割，専門性等を生かしたグループ編成，協議を通した人材育成のための場の工夫
13	研究の推進状況を客観的に分析したいが，方法が分からずに困っている。	既存の調査等を活用した子どもの変容の分析，学校訪問や総合訪問等を活用した外部から見た校内研修に対する評価の活用
14	校内研修の推進において，新たな意見や外部の意見を活用したいが，どのように取り入れて良いか分からずに困っている。	校外で実施された研修内容等の活用，学校外の人材や教育機関等を生かした研究推進

校内研修推進担当を支援する教職員を主な対象とした項目

15	校内研修において教職員それぞれのよさを生かすことができずに困っている。	校内研究という「学び合う」ためのしかけ，教職員一人一人のよさや専門性の把握，よりよい人間関係・雰囲気づくりの構築
16	教職員の同僚性・協働意識が低く，校内研修が活性化できずに困っている。	研修の目的の共有や目指す姿の確立，全教職員が関わる研修体制作り，成果とビジョンの共有
17	教職員の先輩として研究主任や同僚にどう助言すればいいのか分からずに困っている。	研究主任に期待することは，困り感を把握し的確な助言を，主体性の尊重

出典：本表は，宮崎県教育センター・宮崎大学（2016）を元に筆者が作成。

きさ（項目8）といった，近年の教育改革や実態によって生じた新たな問題や，参加体験型の協議（項目11）といった新しいトレンドが項目化されている点は注目される。

　現在，学校の小規模化が進み，教科担当者が一人しか在籍しない中学校が増加し，小中連携や一貫教育も進められている。そのような背景のもと，言語活動やアクティブ・ラーニングの視点，資質・能力の視点など教科を超えたテーマを設定することによる授業研究をデザインし統括する力量が新たに求められるようになっている。さらには，学校を超えた地域での教科授業研究や小中合同の授業研究を複数学校のリーダー層の連携のもとに推進する力量が必要になっている。平成27（2015）年中教審答申「チームとしての学校の在り方と今後の改善方策について」に基づけば，今後はマネジメント・チームによるリーダーシップの発揮も期待されている。

7.4　実践事例にみるマネジメント

　本節では，学校現場がめざす授業研究・校内研修の方向性を把握するために，都道府県教育委員会・教育センター等作成の授業研究ハンドブックを紐解く。「授業研究ハンドブック」「校内研修ガイドブック」等の語をインターネット検索すれば，ほとんどの都道府県の教育センター等がハンドブック等を作成していることがわかる。それほど，授業研究・校内研修の推進については，課題に直面しており支援を要する学校が多いことの証左であろう。

7.4.1　事例①：高知県教育センターの自校診断チェックリスト

　表7-2に示すチェックリストは，高知県教育センターが「研究主任の校内研修活性化のためのマネジメントスキルの育成」を目的とした研修における受講生の研修成果物を基に開発したものである（村川 2016：140）。これらから，学校現場では研究主任のマネジメントスキルとして，「研修の計画（項目1-4）」「課題の共有化（項目5-7）」「協議内容の焦点化（項目8-10）」「研修の評価（項目11，12）」「外部講師の活用（項目13-15）」を重視していることがわかる。

表7-2 校内研修活性化のための自校診断チェックリスト（村川 2016：14）

1	PDCAサイクルを校内研修に明確に位置づけた。
2	年間を通して取組みの系統化を図った。
3	日常の授業教職員間で参観し合う体制づくりをした。
4	前年度の成果と課題を受けて，研究の重点化を図った。
5	校内研修で確認されたことが，日常的に行われるように工夫した。
6	自校の課題を明確にしたうえ研究テーマを設定した。
7	授業の改善点をさぐるために，研究授業の前に学習指導案の検討会や模擬授業などを行った。
8	授業参観や研究協議の視点を設定した。
9	研究テーマに対応した授業を見る視点を示し，協議を行うようにした。
10	研究協議では，協議の流れや柱を明確に示すようにした。
11	達成目標をできるだけ数値化するようにした。
12	客観的なデータ（学力調査，Q-Uなど）を活用し，学校の重点目標などの達成状況を確認した。
13	教職員の意識改革をうながすために，外部講師を招聘した。
14	専門的な見地から助言をもらうために，外部講師を招聘した。
15	研修の意図を外部講師に明確に伝えた。

7.4.2 事例②：広島県立教育センター『授業研究ハンドブック』

　広島県立教育センターは『授業研究ハンドブック（平成15（2003）年）』を発行した。その後，各学校の授業研究推進機運の高まりやマネジメントサイクルに基づく授業改善へと視野を拡大させたと評価しつつも，依然として組織的で深みや広がりのある授業研究，教師の力量向上や子どもの学力向上への効果，といった点では不十分だと指摘し，改訂版を平成26（2014）に発行した（広島県立教育センター 2014）。改訂版『授業研究ハンドブック』は，中留編（2005），田村編（2011），村川他編（2013），天笠（2013）を参照し，「カリキュラムマネジメントの考え方を取り入れている点に特徴がある。当ハンドブックは，中留がカリキュラムマネジメントの「基軸」と繰り返し主張してきた連関性と協働性に焦点を合わせている。当ハンドブックは，「連関性＝C（評価）段階をP・D・A段階とつなげること」「協働性＝目的を全員で共有化し取り組むこと」と定義し，連関性と協働性のあり方を，事例を挙げながら具体的に論じている。

　当ハンドブックは，「学校における授業研究のPDCAサイクルをよりよく機能させることに焦点を当てて作成」されており，長期スパンのPDCA（授業研

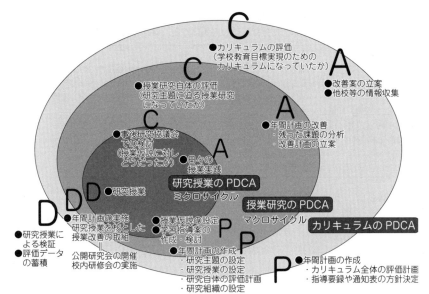

図7-3 カリキュラムのPDCAと授業研究のPDCAの関係（広島県立教育センター 2014：2）

究とカリキュラム）と短期スパンのPDCA（研究授業）を区別した上で，サイクル相互の関連性の明確化を試みている（図7-3）。

特筆すべきは，次のように，マクロサイクル・ミクロサイクルの各段階で連関性および協働性を高めるポイントを示している点であろう。マクロサイクル・ミクロサイクル全ての段階に対して，連関性と協働性とがセットとなって示されているわけではなく，部分的なものではある。しかしながら，現場において，特に連関性と協働性の必要性が感じられる要点が示されたものと評価されよう。

7.5 展　望

最後に，今後の実践・研究上の課題と展望を3点述べる。第一に，校内研修主体の拡大への対応および理論化である。中央教育審議会「チームとしての学校の在り方と今後の改善方策について」が答申された。「チーム学校」の構成員の可能性として，教員（教員，指導教諭，養護教諭，栄養教諭），事務職員，

資料　連関性と協働性を高めるポイント
(広島県立教育センター (2014) より筆者が作成)

〈連関性を高めるポイント〉
○ミクロサイクル（P）：授業仮説を検証できるようにする。（本時の評価規準の設定，つけたい力と指導の工夫の関係の明確化）
○ミクロサイクル（D）：子供（授業）の事実を見取る。（子供の反応の想定を明示，実際の反応の客観的な収集・記録）
○ミクロサイクル（C・A）：事後研究協議会の目的を明確化。
〈協働性を高めるポイント〉
マクロサイクル（P）：授業研究の計画を共有化。
マクロサイクル（A）：研究紀要や研究だよりを発行。

専門スタッフ（スクールカウンセラー，スクールソーシャルワーカー，看護師，特別教育支援員など）がリストアップされた。自治体・学校により「チーム」構成員の範囲のとらえは多様であり，間口を広げれば学校評議員などの授業研究・校内研修への参画も射程に入る。

　第二に，上記の課題と関連するが，校内研修のリーダーシップの分散の範囲，リーダーシップの開発である。校内研修の直接的なリーダーは研究主任・研修主任などのミドル・リーダーが中心であるが，教科・分掌のリーダーとの役割分担や相互作用は依然として研究の余地がある。さらには，学校評価との関わりにより，児童・生徒や保護者による授業評価が活発になっている。いかに彼らの声を授業改善や校内研修に有効活用することが可能なのか。さらには，児童・生徒の参加までをリーダーシップの分散の範囲を拡大することも考えられる。授業研究における学習者の位置づけは，① データ源（授業評価をするなど）にも，② 学習づくりの主体者の一員にもなりうる。①に関しては，児童生徒の意見に耳を傾けることにより，教師の固定的な授業プロセスや授業観が変容する契機となりうる。②に関して，実際に，研究授業後の協議会に生徒が参加したり，生徒による授業研究（授業観察やそれに基づく検討会など）を実施したりする実践もごく稀ではあるが存在する（清水 2011ほか；鈴木・田村 2016；上田 2018ほか）。授業をデザインするのは教師だが，そこで学ぶのは児童生徒であり，授業は教師と子どもの相互作用で創造される。学校を学習者と教師との学習共同体とみなせば，授業研究への学習者の参加の道が開かれる。

　第三に，教師の多忙化の顕在化の上に，学校の小規模化や統廃合，小中一貫

教育の推進，教員の世代層の入れ替わりなど学校の組織構造の大きな変容が重なる現在，授業研究・校内研修は新たな課題に直面し危機に瀕しているとみることもできる。授業研究・校内研修が表層的・義務的・形式的な「作業」とならずに，教師が書物や子どもとじっくりと対峙し，学校の実践知を練り上げ創り上げる時間が必要である。教師をエンパワメントする組織学習にするための学校のマネジメントの知恵だけでなく，人的・物的・時間的な資源を豊富にする行政支援が強く求められている。

注
（1）　平成30年度全国学力・学習状況調査の学校質問紙調査によれば，「校長のリーダーシップのもと，研修リーダー等を校内に設け，校内研修の実施計画を整備するなど，組織的，継続的な研修を行っていますか」の設問に対して，小学校で99.2％，中学校で90.4％が肯定的に回答された。「学校でテーマを決め，講師を招聘するなどの校内研修を行っていますか」に対しては，小学校で90.4％，中学校で88.6％が肯定的に答えた。「模擬授業や事例研究など，実践的な研修を行っていますか」に対しては，小学校で99.2％，中学校で97.2％が肯定的に答えた。
（2）　アージリス（Argyris, C.）が提唱した。シングル・ループ学習が既存の価値観・枠組み・方針を維持・継続したまま目的を達成しようとするプロセスであるのに対して，ダブル・ループ学習は価値観や枠組み，方針や目標についても疑問を投げかけて掘り下げる学習である。

引用・参考文献
天笠茂（2013）『カリキュラムを基盤とする学校経営』ぎょうせい.
Argyris, C. and D. A. Schön（1974）*Theory in Practice*, Jossey-Bass.
広島県立教育センター（2014）『授業研究ハンドブック──学校における授業研究の質的向上を目指して』
　　http://www.hiroshima-c.ed.jp/web/handbook/jyugyoukenkyuu/handbook.pdf（2018/07/21確認）
池田充裕（2018）「第7章　シンガポールのカリキュラム・マネジメントと授業の質保証」原田信之編著『カリキュラム・マネジメントと授業の質保証──各国の事例の比較から』北大路書房, 197-227.
石井英真（2017）「日本における教師の実践研究の文化」石井英真編著『教師の資

質・能力を高める！アクティブ・ラーニングを超えていく「研究する」教師へ
　　　――教師が学び合う「実践研究」の方法』日本標準，9-23.
北神正行（2010a）「第6章　校内研修の活性化とスクールリーダーの役割」北神正
　　　行・木原俊行・佐野享子『著『学校改善と校内研修の設計』学文社，100-116.
北神正行（2010b）「第9章　学校改善と校内研修の設計・経営」北神正行・木原俊
　　　行・佐野享子著『学校改善と校内研修の設計』学文社，154-170.
国立政策研究所編（2014）『教員環境の国際比較――OECD国際教員指導環境調査
　　　（TALIS）2013年調査結果報告書』明石書店．
Kuramoto Tetsuo and associates (2014) *Lesson Study and Curriculum
　　　Management in Japan*, ふくろう出版．
村川雅弘（2016）『ワークショップ型教員研修――はじめの一歩』教育開発研究所．
村川雅弘・野口徹・田村知子・西留安雄編（2013）『「カリマネ」で学校はここまで
　　　変わる！　続・学びを起こす授業改革』ぎょうせい．
村川雅弘・田村知子・東村山市立大岱小学校編著（2011）『学びを起こす授業改革』
　　　ぎょうせい．
宮崎県教育研修センター・宮崎大学（2016）報告書『校内研修を推進するために
　　　――学び合いを充実させるQ&A』．
中留武昭（1994）『学校改善を促す校内研修』東洋館出版社．
中留武昭（2001）『総合的な学習の時間――カリキュラムマネジメントの創造』日本
　　　教育綜合研究所．
中留武昭編（2005）『カリキュラムマネジメントの定着過程――教育課程行政の裁
　　　量とかかわって』教育開発研究所．
中留武昭・田村知子（2004）『カリキュラムマネジメントが学校を変える』学事出版．
佐古秀一・中川桂子（2005）「教育課題の生成と共有を支援する学校組織開発プロ
　　　グラムの構築とその効果に関する研究――小規模小学校を対象として」『日本
　　　教育経営学会紀要』47：96-111.
佐古秀一・宮根修（2011）「学校における内発的改善力を高めるための組織開発（学
　　　校組織開発）の展開と類型――価値的目標生成型の学校組織開発の展開をふま
　　　えて」『鳴門教育大学研究紀要』26：128-143.
佐古秀一・山沖幸喜（2009）「学力向上の取り組みと学校組織開発――学校組織開
　　　発の理論を活用した組織文化の変容を通した学力向上取り組みの事例」」『鳴門
　　　教育大学研究紀要』24：75-93.
清水良彦（2011）「多面的な授業分析の開発的研究――「子どもによる授業分析」を
　　　通して」日本教育方法学会紀要『教育方法学研究』36：13-23.
鈴木大介・田村知子（2016）「教員と生徒のパートナーシップを生かす」村川雅弘編

著『実践!アクティブ・ラーニング研修』ぎょうせい,82-83.
田村知子(2006)「カリキュラムマネジメントへの参画意識を促進する校内研修の事例研究」日本カリキュラム学会編『カリキュラム研究』15:50-70.
田村知子編(2011)『実践・カリキュラムマネジメント』ぎょうせい.
田村知子(2014)『カリキュラムマネジメント――学力向上へのアクションプラン』日本標準.
露口健司(2018)「リーダーシップ研究の進展と今後の課題」日本教育経営学会編『教育経営学の研究動向』学文社,14-23.
上田貴之(2018)「生徒と教師が学習活動を共に創るシステムの構築による学力の向上・維持」村川雅弘編著『カリマネ100の処方』教育開発研究所,165-172.
ウィギンズ,G.／J.マクタイ,西岡加名恵訳(2012)『理解をもたらすカリキュラム設計――「逆向き設計」の理論と方法』日本標準.

第8章
指導主事による校内研修充実のための
コンサルテーション

島田　希

　本章では，校内研修を充実させる教育委員会指導主事（以下，指導主事）によるコンサルテーションについて論じる。「学校研究の発展に資する指導主事の役割モデル」[(1)](島田ほか 2016a) を参照しながら，校内研修を充実させるために指導主事が果たす役割について，その全体像や求められるアクションを整理する。さらに，指導主事が校内研修において役割を果たす際のツールとして開発されたルーブリックおよび活用ガイドを紹介しながら，指導主事としての力量形成のあり方を展望したい。

8.1　校内研修の発展と外部支援者の関わり

8.1.1　校内研修の発展を促す諸要因

　わが国の校内研修に，「学校外の支援者（以下，外部支援者）」が関わるケースは少なくない。例えば，校内研修において，大学研究者や指導主事が指導助言の役割を果たしている事例は数多くみられる。また，公開研究会では，他地域や他校の教師をはじめとする多様な参加者が，公開された授業を参観し，事後協議会に参画していることもある。こうした参加者は，学校の実践に対して有益な評価情報をフィードバックする役割も果たしており，そうした意味において，ある種の外部支援者として位置づけることができる。
　このように公開研究会や校内研修の際に，単発で外部支援者が関わるケースがある一方，その企画・運営も含め，継続的かつより密接に外部支援者が関わっている場合も少なくない。こうしたケースにおいて学校と関わりをもつ主な

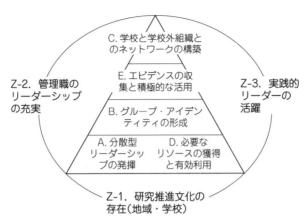

図 8-1　学校研究発展要因の 4 層モデル（木原ほか 2015：178）

　外部支援者として大学研究者や指導主事を挙げることができる。こうした外部支援者との密な関わりは，校内研修の充実のみならず，その発展を実現するための鍵となる。例えば，木原ほか (2015) は，ある研究助成を受け，その期間が終了した後も校内研修の発展を実現している複数の学校を対象とした調査を実施し，そこで得たデータを「専門的な学習共同体 (Professional Learning Community: PLC)」の理論的枠組みに基づいて分析し，その要因を図8-1のようにモデル化している。

　このモデルでは，「C. 学校と学校外組織とのネットワークの構築」が最上位に位置づいており，「その他の要因による学校研究の発展をさらに進展させるものである」（木原ほか 2015：173）と特徴づけられている。つまり，外部支援者の存在は，校内研修の充実，さらには，その発展を実現するための鍵となることが確認される[2]。

8.1.2　校内研修に指導主事が関わる意義および期待

　先述のように，校内研修の外部支援者には様々なバリエーションが考えられるが，代表的存在は指導主事であろう。指導主事とは，「地方教育行政の組織及び運営に関する法律（第18条3項）」において，「上司の命を受け，学校における教育課程，学習指導その他学校教育に関する専門的事項の指導に関する事務

に従事する」と定められている「専門的教育職員（教育公務員特例法第2条5項）」である。この規定にも確認できるように，指導主事は，学校における授業実践全般に，そして専門的に関与できる立場にある。

例えば，千々布（2014）は，小学校，中学校，高等学校の授業研究の実施状況を調査し，私立高校を除くと，いずれの校種においても，授業研究を促進させるために，指導主事が学校を訪問している場合が多いことを明らかにしている。また，地域平均や全国と比べた児童生徒の学力と連関する授業研究の取り組みとして，小中学校ともに「参観時はビデオを撮っている」「外部講師を招聘している」を挙げている。さらに，小学校においては，「指導案を指導主事等が指導している」という取り組みが児童生徒の学力と有意に連関していることを明らかにしている。

以上のように，授業研究を主柱とする校内研修において，指導主事は，その充実を促すキーパーソンであり，実際にそうした動きが展開されている様子が確認される。

8.2 指導主事による校内研修のコンサルテーション

8.2.1 コンサルテーションとは

ここでは，コンサルテーションの観点から，指導主事による校内研修への関わりを捉えてみたい。佐野（2010）は，校内研修が教職員個々人の資質向上のみならず，学校組織の開発そのものへの貢献が期待されるものであることを指摘した上で，コンサルタントの介入が効果を発揮すること，さらには，その仕事は，「介入，すなわち，クライアントの問題解決に役立つ何らかの行為を行うことによって，援助の手を差し伸べること」（佐野 2010：140）であると述べている。先述したように，指導主事は，授業づくりを核とする学校改革に，実践的かつ密に関わりをもち，それを支援する立場にある外部人材である。よって，指導主事は，介入の役割を果たすコンサルタントであると位置づけ得る。

コンサルテーションに関する基本的なモデルを示しているエドガー・H・シャイン（Schein, Edgar H.）は，「コンサルタントは，クライアント自身が，十分

優れた診断家になり，組織プロセスをもっと上手く扱う方法を学ぶのを援助することができる」(シャイン 2002：14) と述べている。つまり，コンサルテーションとは，クライアントが現在抱えている問題や将来遭遇するかもしれない問題を解決するために，その学習能力を高めることを援助する過程であると考えられる。

　こうした人や組織の問題解決を援助する営みについて，シャインは，「プロセス・コンサルテーション (PC)」のモードで始める必要があることを指摘している。そして，その特徴を「クライアントとの関係を築くことである。それによって，クライアントは自身の内部や外部環境において生じている出来事のプロセスに気づき，理解し，それに従った行動ができるようになる。その結果，クライアントが定義した状況が改善される」(シャイン 2002：27) と示している。こうした考え方の背景には，解決すべき問題を抱えており，その複雑さを知り，自分たちにとって何がうまくいくかを知っているのはクライアントだけであるという考えがある。つまり，コンサルテーションとは，外部支援者による「一方向的な指導」ではなく，クライアントとの関係づくりや対話を通じて，クライアント自身が問題解決する力を高めることを促すものであると特徴づけられる。

8.2.2　校内研修において指導主事が果たす役割

　筆者ら (島田ほか 2015, 2016a) は，複数の地域の指導主事を対象とした調査を実施し，そこで得たデータを上述したコンサルテーションの概念にもとづいて分析した。その結果をもとに，彼らが果たしている12の役割を明らかにした (表8-1参照)。ここに示されている12の役割は，コンサルテーションの4ステップおよび間接的支援に分類される[3]。さらに，表8-1に示された12の役割の関連性を検討し，モデル化したものが図8-2である。その特徴として，以下の4点を挙げることができる。

　まず，1点目は，コンサルテーションの最初のステップである関係づくりにおいて，指導主事がきめ細やかに学校との関わりを築いていることである。例えば，関係づくりのステップに位置づく「1．学校に関する情報の事前収集」

表 8-1 コンサルテーションの 4 ステップおよび間接的支援において指導主事に求められる役割

4 ステップ	指導主事の役割
関係づくり	1．学校に関する情報の事前収集
	2．指導主事としての意向やスタンスの説明
	3．管理職・研修主任等との関係構築
情報収集・アセスメント	4．日常的な学校訪問を通じた情報収集
	5．実践イメージの明確化にむけた支援
介 入	6．実践の改善にむけたアドバイス
	7．実践事例，教材に関する情報提供
	8．感情的サポート
評 価	9．実践の評価
間接的支援	10．外部ネットワーク構築のための仲介
	11．学習機会の提供
	12．成果の確認・発信のための機会の提供

は，学校との関わりが始まる前段階において果たしている役割である。具体的には，関わりをもつ学校のホームページや研究紀要等を通じて，当該校の研究課題，研究組織，これまでの校内研修の軌跡等を把握しようとする営みである。そして，こうした取り組みが，「2．指導主事としての意向やスタンスの説明」「3．管理職・研究主任等との関係構築」へと結実していくのである。

次に，2点目としては，関係づくりと情報収集・アセスメントのステップの関連性についてである。「1．学校に関する情報の事前収集」「2．指導主事としての意向やスタンスの説明」「3．管理職・研修主任等との関係構築」と「4．日常的な学校訪問を通じた情報収集」「5．実践イメージの明確化にむけた支援」については，前者が関係づくり，後者が情報収集・アセスメントのステップに位置づくものである。しかしながら，これらは，単なるリニアなプロセスとして進展しているわけではない。

筆者らが実施した調査においては，指導主事が関係づくりを促進するために，日常的に学校訪問を行い情報収集に努めていること，そして，そのことが，学校側に「学校の実態をふまえてくれている」という肯定的な印象をもたらし，関係構築が促進されることが確認されている（島田ほか 2015）。つまり，「3．管

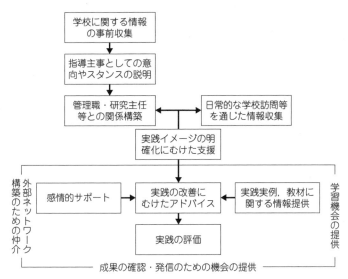

図 8-2　学校研究の発展に資する指導主事の役割モデル（島田ほか 2016a：132）

理職・研究主任等との関係構築」と「4．日常的な学校訪問を通じた情報収集」は，コンサルテーションとしては，異なるステップに位置づく役割ながらも，互いに連動するものであるといえる。さらには，こうした日常的かつ密な関わり，それに伴う多様な情報の収集が実現すれば，実践イメージの明確化にむけた支援，そして，その充実へと結実していくのである。

3点目は，介入のステップにおける3つの役割の関連性である。コンサルテーションの考え方において，クライアントの問題解決のプロセスを推し進めることがその中心に位置づいているという点において，まず，「6．実践の改善にむけたアドバイス」がその中心に据えられるべきである。「7．実践事例，教材に関する情報提供」「8．感情的サポート」は，実践の改善をより一層充実させるために資する役割であることを図8-2のモデルは示している。ある地域の指導主事は，「6．実践の改善にむけたアドバイス」をより充実したものとするために，関わりをもつ学校の実践に資する情報（ICT活用の実践事例に関する最新の情報）を当該校に提供したり，実践の良い部分を褒めつつ，課題となる部分について一緒に悩みながら，それを克服する術に気づいてもらうことを

促したりするなど，感情的なサポートに関わるアクションも展開していた（島田ほか 2015）。

　4点目は，間接的支援の位置づけである。これらは，コンサルテーションの先行研究においてはその存在が示されていなかったものである。しかし，筆者らが実施した調査において，複数の指導主事がこれに該当する役割を果たしていることが確認されている。例えば，ある地域の教育委員会では，授業におけるICT活用をテーマとして校内研修を進める学校の取り組みを促すことを意図して，そのテーマに関わる研修会や情報交換会を定期的に実施していた（「11. 学習機会の提供」）。さらには，「12. 成果の確認・発信のための機会の提供」に該当するものとして，学校が開催する研究発表会開催にむけて指導主事がその支援を行っていることが確認されている（島田ほか 2015）。ここに位置づく3つの役割は，とりわけ，介入や評価の段階において，校内研修をより充実させることを意図して果たされているものであった。よって，介入，評価のステップに間接的に影響を及ぼす役割として位置づけられる。

8.3　指導主事のコンサルテーションを充実させるツールの開発

8.3.1　ルーブリックの開発

　ここまで述べてきた役割を指導主事が実際に果たしていくためには，自身の役割の全体像やその具体像を捉えたり，自らのアクションを自己評価したりするためのツールが必要である。そうした考えのもと，筆者らは，指導主事が上述した役割を果たす際あるいはそれを自己点検する際に活用することができるルーブリックを表8-2のように開発した（島田ほか 2016b, 2017）。このルーブリックは，先に挙げた12の役割を項目としながら，3つのレベルを設けており，計36の内容から構成されている。

　先に挙げたシャイン（2002）は，コンサルテーションの最終的な目的をクライアントが自ら問題解決のプロセスを進展させることができることに据えていた。こうした知見をふまえ，「レベル1：支援」「レベル2：協働」「レベル3：自立促進」という3つのレベルを設定した。

ルーブリックのレベル1には，学校が校内研修を成立，安定させるための仲介役としての役割を果たすために指導主事に求められるアクションが記されている。レベル2については，コンサルタントたる指導主事が先導するばかりではなく，学校と協働しながら校内研修の企画・運営をより一層充実させていくことを促すアクションが記されている。レベル3については，例えば，管理職や研究主任など校内研修推進上のキーパーソンの異動等の変化が生じたとしても，それを継続・発展させていくことができるよう，学校が自立することを促すためのアクションが記されている。

　介入のステップの「実践の改善にむけたアドバイス」を例として，レベル1～3の違いを確認してみたい。レベル1では「研究発表会用に作成された指導案や研究授業に対してアドバイスを行っている」というアクションが位置づいている。校内研修の成立・安定をめざしている学校において，指導主事は研究発表会やそのための研究授業といった重要な契機となる実践についての助言を行うことが重要となる。

　レベル2では「当該校の学校研究のテーマとカリキュラムの関係について考えるようアドバイスを行っている」というアクションが位置づく。つまり，契機となるような実践だけではなく，日常的な取り組みを含む学校全体の実践との関連において，研究授業を位置づけたり，複数の実践の関連性を考えたりすることを促す，そして，それを実現する方策について，指導主事と当該校が協働しながら考えるということが重要となる。

　レベル3では，「当該校の学校研究全体の企画・運営に関わるマネジメントの見直しについてアドバイスを行っている」というアクションが位置づく。このレベルにおいては，研究授業，研究発表会，カリキュラムのみならず，それを包括する学校研究の企画・運営そのものに対して，指導主事がアドバイスするというアクションが位置づいている。それは，先述したように，異動や研究指定の終了等によって，校内研修の継続・発展が実現されないケースが多いためであり，そうした事態を防ぐことが意図されている。

　なお，このルーブリックのレベル1～3は，指導主事としての力量のレベルを表しているわけではない。むしろ，学校の状況に応じて，レベル1～3のい

表 8-2　学校研究の発展のために教育委員会指導主事が果たす役割のルーブリック（島田ほか 2017：541-542，一部改訂）

		レベル1：支援	レベル2：協働	レベル3：自立促進
コンサルテーションの基本原理		学校研究を成立・安定させるために仲介役を果たす	学校研究におけるチャレンジを促すために適切なハードルを設定しその克服を励ます	学校研究推進上の来るべき変化に備えさせるためにその企画・運営のネットワーク化を求める
教師たちにとっての成果		問題解決に資する知識の獲得	問題解決に対する意欲の高まりやコミットメントの充実	問題解決のベクトルとなるビジョンの再構築
関係づくり	学校に関する情報の事前収集	当該校が現在取り組んでいる学校研究に関する情報を収集している。	当該校が過去から現在にかけて取り組んでいる学校研究に関する情報を収集している。	当該校に関する情報を他校のものと比較検討したり学校研究企画・運営上の背景情報も収集している。
	指導主事としての意向やスタンスの説明	管理職・研究主任等に対して，指導主事としての意向やスタンスを説明している。	管理職・研究主任等の思いや課題意識をふまえた上で，指導主事としての意向やスタンスを説明している。	指導主事としての意向やスタンスを具体的な計画やアクションとともに説明している。
	管理職・研究主任等との関係構築	当該校を訪問した際に管理職・研究主任と対話し，関係を構築しようとしている。	管理職・研究主任に加えて，キーパーソンとなりそうな教師と対話し，関係を構築しようとしている。	当該校の教師と幅広く対話し，関係を構築しようとしている。
情報収集・アセスメント	日常的な学校訪問等を通じた情報収集	当該校を訪問した時に，管理職・研究主任等から情報を収集している。	日常的に学校訪問する機会を設け，管理職・研究主任等から情報を収集し当該校の問題解決に資する提案を行っている。	日常的な学校訪問において，児童生徒の様子や学校が発行する文書等の収集を行い，そこでの指導主事としての気づきを管理職・研究主任等にフィードバックしている。
	実践イメージの明確化にむけた支援	学校研究のテーマに関して，管理職や研究主任等に情報提供等を行い目指す授業像の具体化を促している。	目指す授業像を実現するための学校研究の企画・運営上の工夫について情報提供し，管理職・研究主任等に意思決定を促している。	目指す授業像や学校研究の企画・運営上の工夫について情報提供するとともに，中・長期的な研究計画の策定を促している。

		レベル1：支援	レベル2：協働	レベル3：自立促進
介入	実践の改善にむけたアドバイス	研究発表会用に作成された指導案や研究授業に対して，アドバイスを行っている。	当該校の学校研究のテーマとカリキュラムの関係について考えるよう，アドバイスを行っている。	当該校の学校研究全体の企画・運営に関わるマネジメントの見直しについてアドバイスしている。
介入	実践事例，教材に関する情報提供	当該校の学校研究の参考となりそうな，他地域等における事例や教材を紹介している。	当該校の学校研究に関連する事例や教材を紹介し，その新たな動向やレパートリーについて考えることを促している。	学校研究の発展を実現している好事例を紹介し，当該校の学校研究の体系化を促している。
介入	感情的サポート	学校研究を進める上での悩みや不安を受けとめつつ，実践の良い部分をほめたり，頑張りを認めたりしている。	当該校の学校研究の成果について，それをほめたり認めたりしている。	当該校の学校研究の成果についてその継続性や，以前の取り組みからの変化や成長をほめたり認めたりしている。
評価	実践の評価	研究の節目において，成果と課題を当該校とともに確認する場を設けている。	学校研究に関する評価データをふまえつつ，対話を通して当該校が成果と課題を明確化できるよう促している。	恒常的に外部から評価を受けることができるように取り組みを公開させたり，評価のためのエビデンスを量的・質的により充実させようとしている。
間接的支援	外部ネットワーク構築のための仲介	当該校の研究テーマに通じた外部助言者を紹介している。	外部助言者に学校研究の多様な場面に参画してもらうことを勧めている。	多様な専門性を有する，複数の外部助言者との関わりを計画し，実行することを促している。
間接的支援	学習機会の提供	学校研究の企画・運営に資する行政研修を案内している。	類似した研究テーマに取り組む先進校を紹介したり，それらの学校の教師たちとともに学べる機会を設定している。	当該校のリーダーたちが学校研究の企画・運営をより専門的に学ぶ機会（内地留学等）に関する情報を提供している。
間接的支援	成果の確認・発信のための機会の提供	当該校の教師たちが学校研究の過程や成果を振り返ることを可能にする様式を用意して，報告書の提出を求めている。	他校の教師等に批評してもらえるように，当該校が実践を報告するための機会を設けている。	より多様な批評が得られるよう，当該校の学校研究の過程や成果を，教育委員会等のHPで発信したり，報告書を配布するなど複数の手段で広報している。

ずれのコンサルテーションが必要とされているのかを見極める必要がある。そうした意味においても、コンサルテーションという営みは、クライアントとの対話にもとづいた関わりであると特徴づけられる。

8.3.2 利用ガイドの開発

筆者らは、先に挙げたルーブリックに加えて、それをどのように用いるのかを解説した図8-3のような「利用ガイド」を開発している（島田ほか 2017）[4]。この利用ガイドには、「1．ルーブリック開発の趣旨―教育委員会指導主事に寄せられる期待」「2．ルーブリックの活用方法」「3．ルーブリック」「4．ルーブリックのレベルについての解説」「5．指導主事として学校と関わる際の工夫（コラム）」が収められている。

このうち、「2．ルーブリックの活用方法」では、ルーブリックの活用方法として4つのタイミングを想定し、その意図を整理している。まず、1つめのタイミングとしては、年度初めに、学校研究支援の計画を立てるためにルーブリックを活用することが考えられる。指導主事としてどのような役割が求められているのかを俯瞰するとともに、学校に対してどのように関わっていくのか、見通しやその具体的なイメージを持つことが求められる。また、とりわけ、年度初めには、「関係づくり」や「情報収集・アセスメント」に関わるアクションが求められる。それらについてのアクションやその工夫を構想することが求められる。

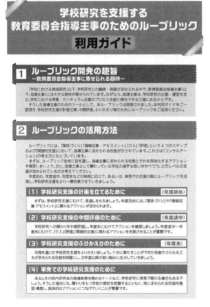

図8-3 学校研究を支援する教育委員会指導主事のためのルーブリック利用ガイド

2つめのタイミングとしては、年度途中に、学校研究支援の中間評価

のために活用することが考えられる。年度途中には，学校への「介入」を中間評価したり，「実践の評価」をどのように実施していくのか，そのためには学校とどのように関わりを深めていくのかを構想したりすることが求められる。さらには，学校の取り組みをより前進させる「間接的支援」を構想するためにもルーブリックを活用することができる。

　３つめのタイミングは，年度末に，年間を通じた学校研究への支援を振り返り，十分に果たすことができた，あるいはできなかった役割を明確化するとともに，次年度以降の取り組みに生かしていくことが求められる。その際には，改めてルーブリックの全体を俯瞰し，自らの指導主事としての取り組み，そしてその強みや解決すべき点を明らかにすることが求められる。

　そして，４つめのタイミングは，ある校内研修に単発で関わる場合に活用するというケースである。指導主事が年間を通じて学校に関わるケースもあるが，その一方で，学校からの要請に応じて，あるときに限定的に学校との関わりを持つケースも少なくない。そうした際に，限られた機会ながらも，自らが指導主事としてどのような役割を果たすべきか，また学校の状況に応じて，どのように関わることが求められるのかを構想するためにも活用可能である。

8.4　校内研修に関わる指導主事の力量形成にむけて

　先述したようなコンサルテーションの考え方からも明らかであるように，コンサルタントとして果たすべき役割に「ひとつの正解」があるわけではない。関わりをもつ学校の状況，校内研修の進捗状況等を鑑み，自らのコンサルテーションのあり方を柔軟に対応させていくことが必要となる。つまり，指導主事自身が学び続けることを可能とする環境が不可欠となる。

　例えば，福井県では，2013年度より市町教委，義務教育課，高校教育課，研修センターの指導主事が一同に介する研究協議会が実施されている（牧田 2014）。こうした取り組みは，義務教育課において年間６回程度開催されてきた「指導主事連絡会」において，所管事項の説明に多くの時間が割かれ，力量形成につながるようなものとはなっていないという現状を改善しようとするアクション

であるという。

　このように，指導主事が学び続けることを実現する環境が整備されつつある一方，そこでの力量形成の具体に迫った研究はまだ十分に行われていない。授業研究を主柱とする校内研修の充実が求められる今日において，その鍵を握る指導主事への期待は，今後さらに高まると考えられる。こうした状況をふまえ，指導主事の力量形成のプロセスあるいはその促進要因を明らかにする研究に着手することが求められよう。

注
（1）　本章では，「校内研修」と「学校研究（学校における実践研究）」をほぼ同義のものとして用いる。基本的には，校内研修という用語を用いるが，引用先の記載に従い，学校研究と記している場合がある。
（2）　例えば，Hipp et al.（2008）では，学校が学校外の多様なパートナーと協働することを通じて，学校改善の機会をより一層得ることができることを事例研究を通じて明らかにしている。
（3）　小林（2009）は，コンサルテーションに関する先行知見を整理し，それは，① 関係づくり，② 情報収集・アセスメント，③ 介入，④ 評価・終結というステップを経るものであることを示している。島田ほか（2015，2016a）は，小林による整理に依拠してデータを分析した。
（4）　筆者らは，ルーブリック開発の際，4つの地域5名の指導主事にインタビューを実施し，その外部評価を実施した。そこで得た意見をもとに，ルーブリックとあわせて利用ガイドを作成した。

引用・参考文献
千々布敏弥（2014）『プロフェッショナル・ラーニング・コミュニティによる学校再生——日本にいる「青い鳥」』教育出版.
Hipp, K. K., Huffman, J. B., Pankake, A. M., Oliver, D. F. (2008) "Sustaining Professional Learning Communities," *Journal of Educational Change*, 9: 173-195.
木原俊行・島田希・寺嶋浩介（2015）「学校における実践研究の発展要因の構造に関するモデルの開発——『専門的な学習共同体』の発展に関する知見を参照して」『日本教育工学会論文誌』39(3)：167-179.
小林朋子（2009）『子どもの問題を解決するための教師のコンサルテーションに関

する研究』ナカニシヤ出版.
牧田秀昭（2014）「効果的な学校訪問を実現する指導主事の研修の在り方」秋田喜代美編『対話が生まれる教室——居場所感と夢中を保障する授業』教育開発研究所，162-167.
佐野亨子（2010）「学校組織開発と校内研修」北神正行・木原俊行・佐野亨子『学校改善と校内研修の設計』学文社，138-153.
シャイン，E.H.，稲葉基吉・尾川丈一訳（2002）『プロセス・コンサルテーション——援助関係を築くこと』白桃書房．
島田希・木原俊行・寺嶋浩介（2015）「学校研究の発展に資する教育委員会指導主事の役割の検討——コンサルテーションの概念を用いて」『日本教師教育学会年報』24：106-116.
島田希・木原俊行・寺嶋浩介（2016a）「学校研究の発展に資する教育委員会指導主事の役割モデルの開発」『高知大学教育実践研究』30：123-134.
島田希・木原俊行・寺嶋浩介（2016b）「学校研究の発展のために教育委員会指導主事が果たす役割のルーブリックの開発」『日本教育工学会第32回全国大会講演論文集』，783-784.
島田希・木原俊行・寺嶋浩介（2017）「学校研究の発展のために教育委員会指導主事が果たす役割のルーブリックの改善」『日本教育工学会研究報告集』JSET17-1：535-542.

第Ⅲ部
授業研究とカリキュラム開発

第9章
カリキュラム開発の理論的動向

有本昌弘

9.1 カリキュラム開発の動向

　今日,不安定・不確実・複雑・曖昧な時代における様々な課題に世界が直面している。こうした中で,正解のない,知られていないところから構造を見出し,最適解を探すスキルと同時に,生き方が求められてくる。「課題に対処可能な資質・能力を育成できる教育」であるといえる。そのような教育として,現在国際的に検討されているのは,一人の子どもの中で,複数の資質・能力を総合的に育成できるカリキュラムである。

　ユネスコでは,1993年に欧州共同体委員長(欧州委員会委員長)ジャック・ドロールを委員長として発足して策定された21世紀の学習の4本柱は,今日でも広く使用される。知ることを学ぶ(learning to know);為すことを学ぶ(learning to do);共に生きることを学ぶ(learning to live together);人間として生きることを学ぶ(learning to be)である。その後,「持続可能な開発のための2030アジェンダ」で示された2030年までの国際目標SDGsが,2015年9月の国連サミットで採択された。ミレニアム開発目標(MDGs)の後継として,持続可能な世界を実現するための17のゴール・169のターゲットが設定され,発展途上国だけでなく先進国も取り組む普遍的な課題が掲げられている。

　こうした中で,OECDも教育2030を教育とスキルの将来として出している(OECD 2018)。2018年に入学する子どもたちは,地球資源は無限に開発可能であるという考えを放棄する必要がある。彼らは人類全体の繁栄,持続可能性,そして幸福をし,協力を分裂の上位に位置づけ,持続可能性を短期的利益の上

に位置づけ，責任を果たし能力を発揮する必要がある。これからの時代で不可欠なものとなる「明確で目的のはっきりした目標を学び，異なる視点をもつ他の人々と協力し，未開拓のチャンスを見つけ，大きな問題に対する複数の解決策を特定する能力」を中心に，「積極的で責任感をもつ，社会につながる市民になるために必要なスキル」にフォーカスしたカリキュラムが必要である。

その中では，① 創造的に思考を重ね，「新しい」製品やサービス，雇用，プロセスと方法，考え方や生活，企業，分野，ビジネスモデル，社会モデルを創造できる人々。② 平等と自由，自律性と地域利益，社会変革と継続性，効率性と民主主義的プロセスなどの間の矛盾のバランスを取るため，他人のニーズと欲望を理解する能力を身につけた人々。③ 自分の行動の将来の結末を考慮する能力，リスクと報酬をアセスメントする能力，自分が行った仕事の成果について責任をもって説明できる能力をもつ人々，といった人物像が挙げられている。

OECDが提案するカリキュラムの設計原則は，次のようになっている。① カリキュラムは生徒に刺激を与え，既有知識，技能，態度，価値観を認識するように，生徒の状況に対応してデザインする必要がある。② 学習の深さと質を確保するために，各学年には少なくてもよいが何らかのトピックを導入すべきである。③ 生徒には様々なトピックとプロジェクトのオプションを提供，さらにまた，独自のトピックやプロジェクトを提案する機会も提供するべきである。④ 学習体験を現実の世界に結びつけるために，学問領域ごとの知識の習得のほかに，学際的で協調的な学習が必要になる。

OECDは，このように，現在，欧州でのカリキュラムの先端的な定義が「世代間の対話」となっているように，その柔軟性を主張する。「カリキュラム」という概念は，「あらかじめ定められた静的なもの」から「適応可能かつ動的なもの」に発展するものである。学校や教員は，変化する社会的要件や個々の学習ニーズを反映して，カリキュラムを更新し調整するというものである。

9.2　国内における21世紀型コンピテンシーとカリキュラム

　こうした中で，OECDが挙げている2030年において求められる資質・能力の要素は，国内においても，カリキュラム政策に反映されつつある。2015年12月時点で，知識，スキル（認知的・社会的），情意特性，ウェル・ビーイング，メタ認知に関するコンピテンシー，（子どもの主体的な）行動としている。⁽¹⁾
　一方，2015（平成27）年，来日したCharles Fadel率いるCCR⁽²⁾によれば，21世紀の教育の要素として，Knowledge, Skills, Character, Meta-Learningが挙げられている。
　こうして，学力の三要素は，「ゆとり」か「詰め込み」かの，いわゆる振り子減少としての二項対立的な議論を回収するかたちで，2007年6月に学校教育法も改正して示したものである。下記のように簡潔に示されることが多い。

　　基礎的な知識・技能
　　思考力・判断力・表現力等の能力
　　主体的に学習に取り組む態度

学校教育法に基づく学力の三要素は小学校の教育に向けてのものである。高校教育に向けてのものは，学校教育法で規定される学力の三要素に基づき，高大接続改革答申で次のように示されている。

　　基礎的な知識・技能
　　思考力・判断力・表現力等の能力
　　主体性・多様性・協働性

新学習指導要領では，児童生徒の「何ができるようになるか」という観点を，学力の三要素をふまえて「資質・能力の三つの柱」として示している。資質・能力は，一般的な能力や技能・態度よりも広いもので，イコール「学力」と言い換えてもいいものである。

　　生きて働く「知識・技能」の習得
　　思考力・判断力・表現力等
　　学びに向かう力・人間性等

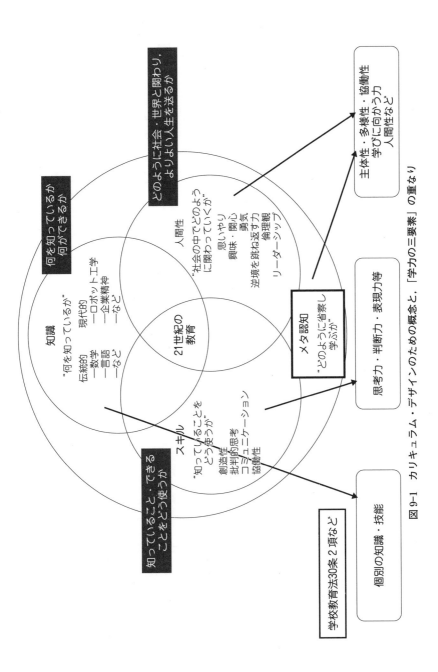

図9-1 カリキュラム・デザインのための概念と，「学力の三要素」の重なり

第9章 カリキュラム開発の理論的動向

こうして，CCRの枠組みは，論点整理の中で，読み替えが行われている。それぞれ，Knowledge（何を知っているか）が「個別の知識・技能」，Skills（知っていることをどう使うか）が「思考力・判断力・表現力等」，Character（社会の中でどのように関わっていくか）とMeta-Learning（どのように省察し学ぶか）が「主体性・多様性・協働性・学びに向かう力・人間性など」としている[3]。

9.3 その背景にあるリテラシーと逆向き設計

ここで，リテラシー（言語活用力）について，述べておきたい。リテラシーは，英国のカリキュラム全体構造改革案によると，言語活用力として，特に読み書きは社会の知識と関わる。これに対して，聞く話すを中心にした個人の発達は，社会の知識に位置するものではなく，コンテンツを必要とするコンピテンシーである。

このことを考えると，以下のような合意が取り付けられるかどうかが，鍵となるように想定される。総合的な学習の時間を使ってだけの成果であることを前提に進めてしまうと，よい論文の可能性を奪う危険がある。生徒の日課のほとんどの時間を割いている各教科・科目の知識の活用（パフォーマンス課題）も重要となる。日常の積み重ねを反映した成果のアセスメントである必要がある。であってこそ，日常の積み重ねによる取り組みの大前提であるすぐれた専門をもつ他の教員の積極的な関与が得られる。そのために，下記のように，（各教科を通底する）テンプレートという考え方を提案されている（ウィギンズほか2012）。

そこで，提案されているテンプレートでは，その課題は，「読む」ことや研究に反応して「書く」ことに生徒を関与させる課題のために設計されている。これらは，論争的，記述的と物語という3つの様式からなる（物語＝ノンフィクション的な物語で，出来事やインタビューに関連する適切なジャーナル的なスタイルを適用することに生徒を巻き込む）。各教員は，授業の目的に最もピッタリ当てはまる様式とテンプレートを選ぶことができる。

そして，そのテンプレート課題の意味は，次のように記されている。各教科・科目に埋め込まれている／学年を超えられる／文脈重視／テストでは測れない理解や転移を見ることが可能／各教科・科目の内容とスキルを統合／進学後も役立つ生徒の発達に豊かな学びの体験／よい授業と意味ある学び／生徒のポートフォリオにコンテンツを提供するものである。[(4)]
　こうした知識を個人化する考え方は，国際バカロレアのディプロマポリシー（IBDP: International Baccalaureate Diploma Programme）の背景としての知識の理論（ToK: Theory of Knowledge）にも通じるものとなっている。

9.4　日本の文脈：授業研究と校内研修

　教師の学習機会は内容も方法も多種多様であるが，日本では授業研究を中核とする校内研修を学校内部に位置づけることの重要性が認められている。校内研修は，教師たちの「既存の知識を考慮しながら，彼らが直面している課題に即して今できることの改善を目指すような，内省的で生成的な研修だ」（センゲほか 2014：599）といえる。近年では，日本の授業研究（Lesson Study）は教師の専門職性を高める方法として，アメリカをはじめ世界の国々から着目されている。

　『ティーチング・ギャップ』には以下の興味深い話が記されている。授業改善の試みにこれほどまでに奮闘するのはなぜかとの質問に，日本の教師は「授業研究をなぜやるかですか。法規があるとかということではありません。でも，授業研究をしなかったら教師ではいられなかったでしょう」と答えた（スティグラーほか 2002：119）。日本では，百年あまりの歴史がある授業研究を支えている基盤があるからこそ，校内研修が教師の力に資している。

　授業研究を中心とする校内研修の実践には相互の影響や関係が絡み合い，複雑で暗黙的なものが多い。そこで，広い意味での教育方法のHowの体系として，授業研究とカリキュラム評価を含む「学校全体」のアプローチをとるもの，教育方法の工作的体系（さらに生命論的体系，有機的連関）とでもいえるものが加わった。今日，システムダイナミックスなどテクノロジーとともに，上記

のアプローチを取り込みつつ，コード化，ナラティブやストーリーテリングなどの質的手法が加わる。この「システムズアプローチ」を通して，授業研究そのものにこだわらずに，教室内外と学校内外の事情をシステムとして全体的に把握し，授業研究の工作的体系を究明し，校内研修の基盤の可視化が可能となる。

　素朴な思考法では因果律は，直線的・短絡的である。校内研修を例にとると，授業研究は教師の専門職性を高める方法なので，教師たちに授業研究をやらせれば教師の能力が向上できるし，授業の質も上げられるというような考え方である。しかし，学校の生命論的，文化的性格を前提にすれば，学校は生命体といえる。システムの観点からいえば，何かある特定の出来事（氷山の一角）に焦点を置くことは，人をその学校組織がもつ複雑性から目を逸らさせる一因となる。そういう素朴な思考法によることで，校内研修や学校経営や学力向上がしばしば行き詰まる根源になっていると考える。

　ここでは，世界でも珍しくティームティチング（TT）を50年以上も続けてきた秋田市立築山小学校を見ることにする（有本・徐 2016；有本・濱田 2016）。スタートした1967年頃の経緯については，学力の質改善をめざしたのだろうと考えられるが，実はそうではなかった。実際は，「築山小学校のすぐ近くに母子支援施設や母子寮と保育園があり，自然とその周りにそういう家庭的な問題を抱えた人々が集まった。そこで，家庭的に恵まれない子供たちが築山小学校に来ていて，特に愛着形成不全という問題をもっている子供が相当多かった。授業中に子供が突然逃げ出したり，荒れ出したりすることがあり，築山小学校は恒常的にこういう生徒指導上のリスクを抱えていた。その当時の合言葉は，『一人の落ちこぼれも出さない』というもので，学級担任単独では対応できないので，チームで対応せざるを得なかった。実はこれがTTの始まりだということである。ある面，学年経営を充実させて，お互いにカバーし合うというスタイルになったと考えられる。だから，こういう何らかの事情がない限りは，TTも持続しないのかもしれない」。意外なことに，学力のトップ校をめざすのではなく学力の底上げを図るという景色であった。

　システム思考では，ある領域での変化が別の領域で逆向きの変化をもたらす

こともあるので，築山小学校のような目的と結果がずれた事例は，決して珍しいことではないだろう。それに加えて，小さな種となる出来事がシステムにおける大きな変化へとつながりうる。ただし，この変化の良し悪しは決まっていない。築山小学校はこの「リスク」を乗り越えて，さらに好循環のプロセスに入ったのであるが，それはなぜだろうか。

　築山小学校のTTが始まった経緯を，Morgan（1986: 87）に基づき図で描くことにしてみると，ダブルループ学習に当てはまる（図は省略）。「決まった操作ルールによるモニタリングや改善」のシングルループ学習に対して，ダブルループ学習はいつも操作ルールを問いながら，問題や事情を「ダブルモニタリング」している。「組織のメンバーは，組織運営を下支えしているパラダイムやメタファーやマインドセットまたはメンタルモデルを理解するのに熟練している上に，必要に応じてそれらにチャレンジし，また変化させ，新たなものを開発することも求められている」（Morgan 1986: 92）。ピーター・センゲが学習組織について教えてくれたものは，ほとんどこれらに相当し，対応するのである。要するに，築山小学校は学習組織として，授業のうまくできない事情をよく把握しているため，「一人の落ちこぼれも出さない」よう，「学級担任に責任を押し付ける」から「チームで対応する」へと「操作ルール」を変えて，TTという行動を取り始めたと考えられる。そして，こういう行動は知らず知らずのうちに築山小学校のシステムに一連の影響を起こし，生徒は生活上で変化しただけではなく，学力も向上できたのである。これはシステムの変化の「遅れ」に違いない。

　システム思考は学習組織の「5つのディシプリン」の1つであり，他の4つのディシプリンがある。その中で，「自己マスタリー」と「共有ビジョン」は個人と集団の願望を明確にして，進む方向を定める方法を示すもので，「メンタル・モデル」と「チーム学習」は内省的な思考と生成的な会話の実践に関するものである。上の築山小学校の校内研修の実践のマッピングから見ると，この4つのディシプリンがいずれも少しずつ見えてくる。築山小学校が50年間ずっとこの好循環の中にあるのは，そのシステム・ダイナミクスがちょうど学習組織の理論にはまったからではないかと考えられる。表9-1は，今後のたたき台

表 9-1 学習する組織（Learning Organization）

	ピーター・M・センゲ (Peter Senge)	日本の学校文化 (Japanese school culture)
組織目標	学習	学習（Learning）
構造	最小スペックのチーム	最小スペックのチーム（Minimum Specs Team），多機能性（Multifunctionalism）
個人的学習	5つのディシプリン	主に経験（Mainly experience）（稽古 keiko：頭の中で何回もリハーサル（rehearse many times in one's imagination）
〈プロセス〉	5つのディシプリンの実践	ジョブローテーション (On-the-job rotation)
〈情報スコープ〉	システム	多種多様な要件（Requisite variety）
〈習得知識〉	より高いレベル	個人的，"ネチネチ"冗長的，暗黙的 (Personalized, "sticky" Redundant, tacit)
組織学習	個人と同様	「スパイラル」な「キャンペーン拡大」 ("Spiral""Campaigning")
学習価値	ディシプリン（学問領域）	伝統の根源（Traditional sources）（稽古 keiko：頭の中で何回もリハーサル，修養，鍛えなど（rehearse many times in one's imagination, shuyo, kitae, and so on））

出典：Maki, W. J. (2001) Schools as Learning organizations - how Japanese teachers perform non-instructional tasks. Ph.D thesis University of British Columbia.

となる対比表である。その後の仮説的スケッチについては，活動理論（山住 2008）のほかに，行動主義（学習理論）スクリプト，日本の「文化スクリプト（cultural script）」の概念や「クライテリア（criteria）」の概念化から，アプローチできるかもしれない。

学校・地域を越えたプロジェクト学習を推進し，主体的・対話的で深い学びをめざす事例として「地方創生イノベーションスクール」も進んでいるが，教育のシナリオとして「学習する学校」は「地域のコアとしての学校」と並んで重要である。

9.5 カリキュラム評価からカリキュラム・アセスメントによるレッスンスタディへ

　著者は，ここ40年ほど，国内における動向を掬い上げ，言語化し，フレームにする取り組みによる「国際的存在感」の創出に関わる試みと挑戦を行なってきた。振り返ってみると，1970年代からのOECDの動きに強くコミットきたことに，改めて気付かされる。1995年に，幸運にも在外研究の機会を得て，授業のツールとしてカリキュラムを使おうと，海外と国内の溝を埋めようとする意欲は，さらに強いものとなった。

　その後，OECDも，1990年代までのプロセス型から成果型の動きを示し，2000年から生徒の学習到達度調査（PISA）調査も行われるなか，2008年からは，OECD「形成的アセスメント」の翻訳本をきっかけに，OECD-CERIの40周年（1968-2008）を記念して，アセスメントの概念が提案されてきたに着目し，その理解に努め，海外での日本の露出度を高める努力を重ねてきた（有本 2001; Howe & Arimoto 2014）。

　OECDも，デイビッド・インスタンスによる，「学習の本質」「学びのイノベーション」「イノベーティブな学習環境ハンドブック」の三部作を刊行し，盲点としての学習への「リーダーシップ」も提起され，改革へのサジェッションは，行き着くところまで行き着いた感がある（OECD教育研究革新センター 2017）。

　これまでの，また今般の深い学びへの日本の教育課程改革は，海外でいうところの，学習していくことを学ぶ力（L2L: Learning to learn）の軸と合致し調和し，それを遵守している。また，日本の教育課程は，全国各地で地域浦々に見られるような食育のように，また無形文化財のように，地元の人格形成に向きあう文化やコミュニティ参加の社会により，サポートされている。しかし，オープンラーニング環境（OLE）を射程に入れた「アセスメントが目標と合致しているかどうか」については，教育課程の過密さ，サマティブなアセスメント，教員の多忙と適正な人的配置への制約など，障壁は数多い。さらに，評価観点の母集団が，パーソナルな視点ではなく，グループであった点が大きい。しかし，

アセスメントがペダゴジーの伝統と社会情緒的スキル，ピアの強み，集合的意識の文化に埋め込まれたもので均衡が保たれているという点がユニークである（Arimoto et al. 2018a）。

この間，ビデオスタディによる『ティーチング・ギャップ』が刊行され，レッスンスタディとして，アセスメントとの接点は課題となってきている。このアセスメント概念は，学習理論の幅を拡大し，学びの個人化（と相互の知識産出）から，教育評価を，再スタートさせることを求める。そのため，その歴史・社会・文化において，レッスンスタディとアセスメントとは，発達の最近接領域（ZPD）からも，極めて親和性を見出しつつある。その意味は，日本語ではカタカナとなるが，同じ学術用語で抽象化を図りつつも，文脈を置き換えつつ，プロセスを考察するアプローチは，歴史や文化が異なるがゆえに，海外への強いメッセージをもつものとなる[(5)]（Arimoto 2017, 2018; Arimoto et al. 2013, 2015, 2016, 2018a, 2018b; Shimojima & Arimoto 2017）。

しかし，後期中等教育から高等教育は課題である。これまで，コンテンツ（内容）重視から1点刻みのテストで評価を行ってきた。マニュアル的な知識のみを必要とはしない21世紀においては，評価は極めて困難な時代といえる。従来型の評価観が前提では，こぼれ落ちてしまう学びの方が大きくなってしまう。そこで，これまでバラバラであった，コンピテンシーといわれる新たな資質能力と目標・内容，評価を一体化する必要がある。近年のAssessment for learning（AfL），formative assessment, classroom assessmentというボトムアップからのアプローチは，生徒自身が主体となって自らの学びに責任をもつこと（スチューデントエージェンシー）からルーブリックやパフォーマンスのようなアセスメント，さらには，以前の自分を参照するようなイプサティブアセスメントが注目されてきており，日本国内での教員養成においても極めて示唆に富んでいるものと思われる。とくに，後期中等教育では，高校でのSGHの評価には強いハブ形成の要請もあり，21世紀型スキルのemotional qualitiesや，global capacitiesをどのように測るかも，必要となってきている。評価の質の問題と，異なる分野，対象や異なるニーズをどのように関連付けるかという問題に今後切り込んでいく必要があると考えられる。評価は，尺度や秤を幅のあ

るもの，その都度抽出するもの（アセスメント）へと転換することにより，予測困難な類似した状況に直面したとしても何らかの対処が可能となる。例えば，知識の活用力をみるパフォーマンス課題を複数の観点から採点する評価方法がすでに始まっている。すなわち，読み手を意識して各人が書いた文章や解を基に，「異なる尺度やはかり（クライテリア）」を使って，「生徒の仲間同士または教員と生徒が互いに共有し（フィードバック）」，「強みや長所を思い量り，定めた結果が高い（アセスメント）」情報の形成的使用という文脈の中で対話をする中で，知識が知識を生み出し，質の高い新たな学びを創り出す（有本・濱田・能美 2015；Arimoto, Nishizuka et al. 2017；有本 2018）。これには，コンテンツ型でなくコンピテンシー型の様々なアセスメント手法の研究開発が求められてきている。

注

（1） OECDによる暫定的な育成すべき資質・能力の概念図（第18回 OECD/Japanセミナー基調講演1より）
http://www.mext.go.jp/a_menu/kokusai/oecd/1365670.htm

（2） CCR：「21世紀に生徒は何を学ぶべきか」に関して教育の改善をめざす，国際的なNPOであり，正式名称はThe Center for Curriculum Redesign。

（3） 2015年教育課程企画特別部会における論点整理について（報告）の補足資料（4）より）
http://www.mext.go.jp/component/b_menu/shingi/toushin/__icsFiles/afieldfile/2015/09/24/1361110_2_4.pdf；2030年以降の，Society 5.0を見据えた動きについては，下記を参照。OECD Education 2030 Learning Framework http://www.mext.go.jp/component/a_menu/other/detail/__icsFiles/afieldfile/2018/09/11/1407981_02.pdf；鈴木寛「ISN2.0における創造性研究プロジェクト案20180328付」
http://www.mext.go.jp/component/a_menu/other/detail/__icsFiles/afieldfile/2018/09/11/1407981_02.pdf

（4） 文部科学省委託事業　教え手と学び手の「学び続ける力」を育むスクールベーストアセスメント（第2次）（平成26年度 高等学校における「多様な学習成果の評価手法に関する調査研究」）参照。

（5） その中で，有本（2006：38, 63）の中のOECDによる1979年，1982年の図は，

Howe & Arimoto (2015) に, 書き換えられ, 教師教育30か国のプロジェクトでは, エメラルド・アウォード (Emerald Group Publishing Limited Outstanding Author Contribution in the 2015 Emerald Literati Network Awards for Excellence) という賞をえるに至っている。

(6) Arimoto, M. Using Classroom Assessment to Improve Pedagogy - the Japanese Experience (Invitation as a key note speech). APEAC 2017 (招待講演) Singapore. や Arimoto, M. Looney Janet, et al. (2017) Cultural aspects of school-wide assessment and pedagogy: a follow-up study of teaching gap. WALS Symposium 2017 Nagoya, Japan など。また, 子どもの概念発達の見取り図であるラーニング・プログレッションズ (learning progressions) も, 課題となっている。子どもが長期間にわたり, 適切な教授を伴って, 学習している領域の知識構成概念に含まれる科学的な観念や実践の理解の質を, 指導を通して高めることで, 単に転移を促すだけでなく, そのパフォーマンスの質を向上させることを志向している。

引用・参考文献

有本昌弘 (2001)「リソース (resources) をキー概念とした SBCD のための学校研究診断——1980年代学校における授業システムデータからの示唆」『日本教育工学会誌』25 : 107-112.

有本昌弘 (2006)『スクールベーストアプローチによるカリキュラム評価の研究』学文社.

Arimoto, M. (2017) "The prospect of educational assessment as a secret ingredient of effective pedagogy in the context of Japanese Kizuki (with-it-ness) Based on 'Evidence-informed Principles for Effective Teaching and Learning'," *Annual Bulletin, Graduate School of Education, Tohoku University*, 3: 11-36.

Arimoto, M., Nishizuka, K., Nomi, Y., & Ishimori, H. (2017) "Pedagogical approaches to global education: A follow-up study of Tohoku School 2.0 since 2014," Paper presented at the International Academic Conference on Global Education, Teaching and Learning in Vienna 2017.

Arimoto, M. (2018) "Cultural contextual perspectives of assessment and pedagogy: A follow-up study of distinctive schools through the lens of the 'School Research Theme' in the 1980s," *Annual Bulletin, Graduate School of Education, Tohoku University*, 4: 11-36.

Arimoto, M., Clark, I., et al. (2015) "Cultural perspectives on classroom assessment: A path toward the 'Japanese assessment for learning network'," *Annual Bulletin, Graduate School of Education, Tohoku University*, 1: 41-62.

Arimoto, M. & Clark, I. (2018a) "Equitable assessment interactions in the 'Open Learning Environment' (OLE)," *European Journal of Education*. 53(2): 11-15.

Arimoto, M., & Clark, I. (2018b) "Interactive assessment: Cultural perspectives and practices in the nexus of 'Heart and Mind'," In J. Smith & A. Lipnevich (eds.), *Cambridge Handbook of Instructional Feedback* (pp. 474-503), New York: Cambridge University Press.

Arimoto, M. & Ishimori, H. (2013) "Reconceptualizing assessment for learning from culturally embedded pedagogy to add further impetus to curriculum as a school-based initiatives," 東北大学大学院教育学研究科研究年報, 62(1): 303-323.

Arimoto, M. & Xu, C. C. (2016) "Scenarios of education after the Tohoku disaster: preliminary trial and sketch of connection circle for systems awareness school," *Annual Bulletin, Graduate School of Education, Tohoku University*, 2: 7-30.

有本昌弘・濱田眞・能見佳央(2015)「アセスメントによる高等学校の学校改善：エビデンスに基づく予備的考察」『東北大学大学院教育学研究科研究年報』63(2)：223-244.

有本昌弘・濱田眞(2016)「アセスメントによる評価の変化と秋田の小中学校――「インサイドザブラックボックス」の背後にある「グレーゾーン」にアプローチする」『東北大学大学院教育学研究科研究年報』65(1)：71-91.

有本昌弘・徐程成(2016)「システム思考による校内研修の実践の可視化―秋田市立築山小学校の事例研究を通して」『東北大学大学院教育学研究科研究年報』64(2)：193-211.

有本昌弘・市瀬智紀・藤井浩樹・伊藤葉子(2017)平成27年度日本教育大学協会研究助成「大学院におけるESDルーブリック作成の試み――高等学校ユネスコスクール教員によるアセスメントに関する調査研究を通じて」『日本教育大学協会年報』35：249-259.

有本昌弘(2018)「生物多様性・気候変動を切り口にしたリッチタスクによるアセスメント手法――探究による批判的思考力の高大教育接続」『東北大学大学院教育学研究科研究年報』66(2)：151-172.

ファデル, C./M. ビアリック/B. トリリング, 岸学監訳, 関口貴裕・細川太輔編訳(2016)『21世紀の学習者と教育の4つの次元知識, スキル, 人間性, そしてメ

タ学習』北大路書房.
Howe, E. R. & Arimoto, M. (2014) "Narrative teacher education pedagogies from across the Pacific," In C. Craig & L. Orland-Barak (Eds.), *International Teacher Education: Promising pedagogies advances in research on teaching (Part A)*, 22: 217-236, New York: Emerald.
Morgan, G. (1986). *Images of Organization.* Newbury Park, CA: Sage.
OECD (2018) *The Future of Education and Skills Education 2030*, OECD.
OECD教育研究革新センター著・編集，有本昌弘監訳（2017）『学びのイノベーション——21世紀型学習の創発モデル』明石書店.
センゲ，ピーター／ネルダ・キャンブロン＝マッケイブ／ティモシー・ルカス／ブライアン・スミス／ジャニス・ダットン／アート・クライナー，リヒテルズ直子訳（2014）『学習する学校——子ども・教員・親・地域で未来の学びを創造する』英治出版.
Shimojima Y., & Arimoto M. (2017) "Assessment for learning practices in Japan: Three steps forward, two steps back," *Assessment Matters*, 11: 32-52.
スティグラー，ジェームズ・W．／ジェームズ・ヒーバート，湊三郎訳（2002）．『日本の算数・数学教育に学べ—米国が注目するjugyoukenkyuu』教育出版.
ウィギンズ，G．／J．マクタイ，西岡加名恵訳（2012）『理解をもたらすカリキュラム設計——「逆向き設計」の理論と方法』日本標準.
山住勝広（2004）『活動理論と教育実践の創造——拡張的学習へ』関西大学出版部.

第10章
カリキュラム開発の実践的動向

田中博之

10.1 学級経営を意図的・計画的に実施する学級力向上カリキュラムの開発

　本章では，カリキュラム開発の実践事例を提供することをねらいとして，学級力向上カリキュラムの開発という新しいアイデアを紹介し，その具体的な方法を解説することにしたい。

　これまでカリキュラム開発といえば，わが国においては学習指導要領で定められた教科及び領域の学習内容を単元レベルあるいは年間指導レベルで計画することを主に意味してきた（田中 2017）。

　しかし，これからは新学習指導要領（平成29年3月公示）によって，学校の教育課程は資質・能力の育成を目標とすることが明示されたことにより，必ずしも一つの教科・領域のカリキュラムにかかわらず，「教科等横断的な学びの基盤となる資質・能力」を学校で設定して，その育成を図る教科横断的なカリキュラム開発が必要になったと考えられる。

　筆者はこれまで，子どもたちが主体となって学級づくりを進めるときに必要となる資質・能力として「学級力」という概念を提案してきた。それは，まさにアクティブ・ラーニングとしての学級づくりに必要な子どもたちの資質・能力であり，これから教科横断的なカリキュラム開発を通して，意図的・計画的に育成し向上させることが，新学習指導要領の総則で唱われている「学級経営の充実」のために不可欠であるとともに，カリキュラム開発の概念を拡張する一つの有力なアイデアになると考えている。

10.2　計画的な学級づくりの不在

　今学校では，いじめの問題が解決困難な課題としてあげられている。最近では，直接の言動によるいじめだけでなく，インターネットを介したネットワーク型コミュニケーションによっても，被害はますます拡大する傾向にある。このような困難な課題を解決するためには，学校という社会的な場でこそ，子どもたちによさと個性を認め合い協力する力を育てるとともに，子どもたち同士の肯定的な人間関係を作り上げることがますます必要になっている。

　また，この20年ばかり続いた学校教育の個別化・個性化の流れが，子どもの社会性や協力性を育てることを疎かにしてきたといえる。もちろん，教育の個別化・個性化をねらいとした少人数指導や習熟度別指導，コース別学習や朝学習での一人学びなどは，どれも大切な教育である。しかし，個別化・個性化教育が重視された結果，残念なことに，その反動でわが国の多くの学校では，学級集団づくりや小集団での学び合い活動，グループでの問題解決的な学習が軽視されてしまった。

　唯一，総合的な学習の時間が，子どもの社会性や協力性を育てるグループでの共同学習やプロジェクト学習を奨励していたが，それも残念なことに，算数・数学と国語の基礎学力の充実という狭い学力観のために時間を削られ，学校での実践の重点課題にはあげられなくなってしまった。

　そこで，今こそもう一度，子どもたちを学び合い教え合う集団として高めていくための教育のあり方を，教育の原点に立ち返って考え直すことが必要になっている。

　さらにそのためには，若手教員が益々増加していく中で，学級づくりを各学級担任の個人的な努力と場面対応的な経験知に留めておくのではなく，学校全体で学級経営に関わる意図的・計画的なカリキュラム開発（カリキュラム・マネジメント）によって実施することが喫緊の課題になっているといえる。

　ではまず，学級経営のカリキュラム開発について解説する前に，学級力向上プロジェクトについて見てみることにしよう。

10.3 学級力を高める必要性とその方法

10.3.1 学級力はなぜ必要か？

今，学級経営に新しい手法が求められている。教師が学級のルールを経験的に設定し，それに基づいて叱ったりほめたりする指導を場面に応じて臨機応変に繰り返すという従来のやり方では，学級経営の今日的な課題を解決するために十分ではなくなっているからである。

これからの学級経営における課題解決には，教師だけでなく学級の子どもたちが立ち上がって，「明日からも来たくなる楽しいクラスを作ろう！」「明るくて仲のよいクラスを作ろう！」「ルールが守れて安心できるクラスを作ろう！」という高い意識を持って，子どもたち自ら学級づくりの主体的な活動に協働して取り組むことが，今，最も必要であると考えている。

つまり，子どもたちを学級経営に参画させ，子どもたちによる学級状況のセルフ・アセスメントを通して，仲間づくりの取り組みを学級力向上プロジェクトとして実施することが必要である。そのことによって，学級の子どもたちの中で正義と勇気が動き出し，自分の欲求不満の解消のために人間関係を壊そうとする邪悪な心を打ち負かし，さらに高い仲間づくりの目標の実現に向けて努力する態度を生み出すことにつなげたい。

ただしそのためには，4月当初に学級目標として掲げるスローガンだけではなく，学級の子どもたちが納得し，そこから目標と手だてを見いだすことができる，わかりやすい客観的な指標やデータが必要になる。

そこで，学級力アンケートと学級力レーダーチャートという，これからの新しい学級経営の道具立てを開発した。

10.3.2 学級力とは

ではそもそも，学級力とはどのような力なのだろうか。

学級力とは，「学び合う仲間としての学級をよりよくするために，子どもたちが常に支え合って目標にチャレンジし，友だちとの豊かな対話を創造して，

規律を守り安心できる環境のもとで協調的な関係を創り出そうとする力」である。

　このように，よいクラスといえる状況を表す学級力には，次のような5つの下位能力とそうした力をもつ学級の具体的な姿が含まれている（括弧内は下位項目の名称）。

　　領域1　目標をやりとげる力（目標，改善，役割）
　　　いつもみんなで達成したい目標があり，係活動等に責任を持って取り組み，子どもたちが生き生きといろいろなことにチャレンジしている学級
　　領域2　話をつなげる力（聞く姿勢，つながり，積極性）
　　　授業中に友だちの意見につなげて発言したり，友だちの意見を尊重してよりよいアイデアや新しい考えを生み出したりして，コミュニケーションを豊かに創造できる学級
　　領域3　友だちを支える力（支え合い，仲直り，感謝）
　　　勉強やスポーツでよく教え合い，係活動等で助け合い，「ありがとう」や「ごめんなさい」が素直にいえる学級
　　領域4　安心を生み出す力（認め合い，尊重，仲間）
　　　友だちの心や体を傷つけたりせず，友だちのよさを認め合い大切にして，男女仲良くだれとでも仲間になって遊んだり学んだりできる学級
　　領域5　きまりを守る力（学習，生活，校外）
　　　学校の内外で多様な学習や生活のルールを守るとともに，それらを話し合いによって創り出していくことができる規範意識の高い学級

　このような5つの力をもつ学級力をしっかりと定義した理由は，「どのような学級が望ましいのか？」，そして，「どのような学級にしたいのか？」という学級づくりのイメージを，子どもたち同士が，そして教師と子どもたちが共有することが大切だからである。また，全校レベルのカリキュラム・マネジメントの関連においては，学級力向上プロジェクトを校内または学年の全学級で実施するために，学級として育てたい資質・能力についての共通意識を，全教員が学級や学年を越えて共有していることが大切である。

　中学校においては，領域として「自律力」を加えて，

領域1　「達成力」(目標，改善，役割，団結)
領域2　「自律力」(主体性，時間，運営，けじめ)
領域3　「対話力」(聞く姿勢，つながり，積極性，合意力)
領域4　「協調力」(支え合い，修復，感謝，協力)
領域5　「安心力」(認め合い，尊重，仲間，平等)
領域6　「規律力」(学習，生活，整理，校外)

という6領域24項目からなる，学級力アンケートを作成している（田中 2012）。

10.3.3　学級力アンケートで自分たちのクラスを知る

　学級力アンケートによって，子どもたちは自分たちのクラスの実態を，自分たちの評価結果として実感をもって受け止め，それに基づいた学級改善の取り組みを始めることができるようになる。各項目の結果の平均値は，いわばクラスの友だちの評価意見の総意であり，それを重く受け止めようという，仲間づくりへの真摯な雰囲気が生まれてくる。

　この学級力アンケートは，現在，子どもの発達段階に応じて，小学校低学年版，小学校中学年版，小学校高学年版，小学校6年生特別版，中学校版，中学校3年生特別版，そして高等学校版の7種類からなっている（田中 2016）。そして小学校低学年版と中学年版は5領域10項目，高学年版は5領域15項目，小学校6年生特別版は6領域12項目，そして中学校版（3年生特別版含む）及び高等学校版の学級力アンケートは，自律力という領域が追加されて6領域24項目を含んでいる。1回目の実施時には，やり方の説明が必要になるため30分程度の時間を要する。しかし2回目からは学年にもよるが，10分程度でつけられることが，このアンケートのメリットになっている。

　さらに，学級力アンケートの特徴は，それぞれの領域に含まれるアンケート項目を達成状況によって学期毎に差し替え可能にしていることである。これによって，達成率が90％を越える項目については差し替えて，学級力向上への油断や慢心が子どもたちの間に生まれることを防ぐことができる。

10.3.4 学級力レーダーチャートによる診断と改善

学級力レーダーチャートは，子どもたちがアセスメントの主人公になって，視覚的に表現された学級力アンケートの集計結果をもとに，その形状や領域別達成状況を指標として，自らの学級の仲間づくりの成果と課題について友だちと協力して診断したり改善策を生み出したりするために活用するグラフである。

学級力アンケートを実施して，その結果を集計して表現した学級力レーダーチャートでは，前回実施したアンケートの結果を赤い実線で表示し，今回の結果を青色の領域で表示することによって，学級力の変容が子どもたちに見やすくなるように工夫している。

興味深いことに，同じ学年で実施しても，学級毎にレーダーチャートの形状や領域別達成率は大きく異なる。例えば，元気がよくて「目標をやりとげる力」が高くても，学級の決まりを守れないクラスがある。また，全体的に丸くふっくらとした形状になるクラスもあれば，領域毎に凸凹が大きいクラスもある。

一方，例えば「授業中にむだなおしゃべりをしない（学習）」という項目の達成率が低いクラスでは，「人の心を傷つけることをしない（尊重）」や「人の話を最後までしっかりと聞く（聞く姿勢）」という項目も関連して低くなる傾向がある。また，凸凹が極端に大きなクラスや全体的に小さな形をしているクラスは，学級内に人間関係上のトラブルを抱えていることが多い。

当然のこととして，それぞれの学級に効果的な学級経営の取り組みは異なる。そこでこの学級力レーダーチャートを拡大印刷し，それを黒板に貼って子どもたちと共に，自分たちのクラスの学級力の診断や改善のあり方について定期的に話し合い（私たちは，スマイルタイムと呼んでいる）をして欲しいのである。

少なくとも学期に2回はスマイルタイムを実施して，学級力向上の取り組みの成果を子どもたちに実感させるとともに，さらなる取り組みの立案と実践につなげて欲しい。

ただし，「学級力は生き物である」から，取り組みの結果，レーダーチャートが大きくなって，それを見た子どもたちから，「やったー！」「もっと頑張ろ

う！」「みんなで取り組んだ成果だね！」という歓声が上がるときもあれば，逆に数値が下がってグラフの形状がへこんでしまい，原因のなすりつけ合いが始まることもあるので配慮が必要である。

10.3.5　スマイルタイムと学級力向上プロジェクトの実践

　この学級力向上プロジェクトの中心的な学習は，スマイルタイムである。スマイルタイムとは，学級力アンケートの結果をレーダーチャートで図示して，それを見ながら教師と子どもがともに「わがクラス」の仲間づくりの成果と課題を話し合い，さらにこれからの学級力向上の取り組みのアイデアを出し合う，子ども会議のことである。どの学級も，レーダーチャートの形状が同じになることはないので，各学級の独自な取り組みが必要になってくる。

　このスマイルタイムでは，これまでサイレント・マジョリティーだった学級の子どもたちの正義感と勇気を表面化させて力を与えることで，子どもたちと教師が協働する学級経営が動き出すのである。各学年で年間10時間程度をあてて，特別活動や総合的な学習の時間等で実施することをぜひお薦めしたい。

　それでは具体的に，総合的な学習の時間で実施すると効果的な「学級力向上プロジェクト」を紹介しよう。

　学級力向上プロジェクトとは，学級力を向上させるために，子どもたち自身が学級力アンケート調査を実施してクラスの実態を客観的にとらえ，その診断結果を基にしてクラス全員で学級力向上のための取り組みを実践しようというプロジェクト学習である。

　具体的に実践の流れを紹介すると，まず，子どもたちに学級力として高めたい力を，「こんなクラスにしたい」という子どもたちの願いとして，一人ひとりカルタ（イメージ・マップやウェビング）にして整理させる。ここで子どもたち一人ひとりが描いたカルタの内容をクラス全員で出し合って，ビッグ・カルタにして整理する。これによって，クラス全員で学級力を協力して高めていこうという共通の意識と方向性を持たせることができる。

　次に，学級力アンケートを5月の連休明けにクラスで実施して，全国平均と比較しながら，このクラスの学級力をレーダーチャートにして子どもたちに見

せる。

　すると，よいところもある反面で，いくつか課題も見つかるだろう。また，自分たちの学級力がグラフで可視化されるので，子どもたちも学級の実態を実感しやすくなり，「なんとかして学級力を高めたい！」という改善の意欲が自然に高まっていく。

　そこでまず，成果と課題の背景にある原因を探り，話し合うとよい。その際に，課題については個人名を出さないように注意することが大切である。

　次に，子どもたち一人ひとりに，「これからどんなクラスにしたいか」，そして「そのためにみんなが取り組めばよいことは何か」という観点から，これからの行動目標を具体的に決めて，毎日自分が取り組めたかどうかを折れ線グラフにして記録させていくとよいだろう。

　ここで，1か月の期間を与えて，子どもたちが出した学級力向上のためのアイデアを実践していく。途中でその成果が見やすくなるように，折れ線グラフで自分の記録した成果をまとめて整理したり，日記形式で自分や友だちのがんばりの様子を記録用ワークシートに書き込んだり，また，教室の後ろに常時掲示しているビッグ・カルタの模造紙に，毎日帰りの会でその日学級力向上のために頑張った友だちのことを書くようにするとよいだろう。そうすることによって，学級力が少しずつでも着実にみんなのがんばりによって上がってきているという実感が持てるようになる。

　1か月たった頃に，二回目の学級力向上アンケートを取り，その結果を，一回目の結果とあわせて一枚のレーダーチャートに重ねて見てみると，多くの項目で学級力の向上が見られるようになる。もし可能であれば，このR-PDCAサイクルを2学期や3学期にも継続して，年間を通して子どもたちが主体的・自律的に学級力向上に取り組むようにするとよい（田中 2013）。

10.4　学級経営のカリキュラム開発の必要性

　以上をふまえて，学級経営にカリキュラム編成が必要であることを提案したい。

これまでの学級経営に関する計画性についてのイメージは，年度当初に書く学級経営案くらいのものだろう。しかしそこには，自分が担任する学級経営のねらいと方法に関する概略的な計画が記載されているだけであり，また学級内で気がかりな子への個別対指導計画の方針が述べられているに過ぎない。その中の計画性といっても，教科指導では子ども同士の教え合いを大切にするとか，道徳で友だちの大切さについて考えさせるとか，特別活動で話し合いを通して学級の問題を解決するようにするといった，学級づくりに関わる常識的で簡潔な手だてが部分的に記述されていることが多く，必ずしも学級の実態に応じていないために毎年同じような記載をして提出している教師も少なくない。

　その逆に，学級経営は，子どもたちの人間関係上のトラブルに関わる即時的な対応が大切であるとして，学校では計画性よりも実務経験の蓄積による場面対応の力量が重視されることも多い。

　しかしながら，子どもたちの人間関係づくりに効果を上げる「学級経営の充実」を行おうとすれば，学校の教育活動全体を通した意図的・計画的な取り組みが益々重要になってきているといえる。

　そこでこの章では，学級経営カリキュラムを編成することによって，きめ細かく学級の実態に応じた効果的な取り組みの全体計画を構想し，学校カリキュラムの全体を通して意図的・計画的に学級経営を実践することを提案したい。

　ただし，本章では特に学級内の子どもたちの人間関係づくりに焦点をあてるために，学級力向上カリキュラムというサブ・カリキュラムを編成することを提案する。ここで提案する学級力向上カリキュラムの編成においては，次の5点を特徴とする。

【学級力向上カリキュラムの特徴】
① 教科横断的なカリキュラムとして作成し，各教科，特別の教科 道徳，特別活動，総合的な学習の時間，朝の会・帰りの会などのそれぞれの特性を生かした学級づくりの取り組みを含める。
② 年間を通して核となる学級づくりの場面として，数回のスマイルタイムを特別活動や総合的な学習の時間に位置づけ，その中で学級目標の設定，学級

力の診断・評価，取り組みアイデアの考案，取り組みの評価・改善などを行うようにする。
③ 特に教科指導においては，グループ学習による協力や話し合い活動の充実（全教科），相互評価を通した認め合いの活動の活性化（全教科），学級力向上の取り組みについて書いたり話し合ったりする活用学習の設定（国語科），学級力レーダーチャートの読みとり方の習得（算数・数学科），学級の絆や仲間をテーマにした学級旗や学級エンブレムの作成（図工科・美術科），クラスソングやテーマソングの作詞・作曲（音楽科）などの多様な取り組みを含めるようにする。
④ 総合的な学習の時間においては，R-PDCAサイクルに沿ったスマイルタイムの設定，評価セッションや成長発表会の設定，プロジェクトの成果を祝う会の設定とその中での学級力の成長の振り返り，多様なワークショップによる身体と言葉を用いた仲間づくり活動などを実施するようにする。
⑤ 特に国語科の教科書単元に位置づけた活用学習のあり方を工夫し，例えば，「随筆を書こう（6年）」，「活動報告書を書こう（5年）」，「改善案を提案しよう（5年）」，「学級会を開こう（5年）」，「新聞を作ろう（4年）」，「グラフや表を使ってポスター発表をしよう（4年）」，「調べたことを書こう（3年）」というような活用単元で，学級力を題材として文章を書かせたり，話し合わせたりすることを通して，学級力向上の意識づけを図るとともにその成果と課題について自覚的に振り返ることができるような活動計画を行う。

　このような特徴をもつ学級力向上カリキュラムを作成する手順は，次のようになる。

【学級力向上カリキュラム作成の手順】
① 学級力の項目をスコープに，そして月をシークエンスとしてマトリクス表を作り，活動の羅列ではなく，学級に付けたい力を明確にした年間指導計画（教科横断的な単元配列表）を作る。
② それぞれの学級づくりの活動を，「教科指導」「道徳」「特別活動」「総合的な

学習の時間」「朝の会・帰りの会」などの領域別に記号を打つなどして区別する。
③ さらに，それぞれの活動は，「教師の講話」「子どものグループ活動」「スマイルタイム」「話し合い」「書いて振り返る活動」「自己点検・評価」「ワークショップ」「お楽しみ会」「ミニ・プロジェクト」に分けて記号を打つなどして区別する。
④ 実施したものについては，色鉛筆で網掛けをしていく。

こうして編成した学級力向上カリキュラムを，一年間かけて実施し，年度末にその評価を行うようにするとよいだろう。

10.5　学級力を高める教科横断的なカリキュラム編成

　本章のテーマはカリキュラム開発であるにもかかわらず，このようにして学習指導法レベルの解説に多くの紙面を費やしているのには，理由がある。
　それは，すべての学習指導法は，サブ・カリキュラムを作成して意図的・計画的に実践することによって，最も効果を発揮するという仮説に立っているからである。さらに，筆者がこれまで提案してきた新しい学習指導法のメソッドは，近年のカリキュラム改革により，思考力・判断力・表現力といういわゆる活用型学力や，学級の人間関係力といった高度な社会的スキルを育成することが強く求められている時代において，必要なものになっているからである（田中 2017）。
　学級経営における子どもの人間関係づくりにおいても，個別の指導法を思いつきでバラバラに実践するのではなく，用意周到なサブ・カリキュラムを編成して，意図的・計画的な学級づくりの取り組みを，教師と子どもたちが共同で実施することが大切になっている。そのためにこそ，学級力向上カリキュラムの開発という，新しいカリキュラム・マネジメントのアイデアが生まれ，そのための具体的な方法論が開発されてきたのである。
　さて，具体例を示しておこう。

表 10-1 学級力を高めるスマイル・アクションの教科・領域別分類

カリキュラム領域		活動アイデア
朝の会・帰りの会		○明日の学級力向上のめあてを決める。 ○今日の学級力向上 MVP さんを発表してほめ合う。 ○今日のめあてを達成できたかどうかを振り返る。 ○今日のめあてを達成できた日には，マークやシールで記録を付ける。 ○今日の学級力向上のめあてを復唱する。 ○学級力向上のテーマソングを歌う。
朝自習・昼読書		○学級力の観点に関わる本を読む。
教科	国語科	○学級力レーダーチャートの結果を組み入れた説明文を書いて話し合う。 ○学級力向上プロジェクトの活動報告書を書いて話し合う。 ○学級力向上の提案書を書いて話し合う。 ○学級会を開いて，学級力向上の取り組みについて合意形成を図る。 ○学級力新聞を書いて話し合う。 ○学級力の向上と自己成長を関わらせた随筆を書いて話し合う。
	算数・数学科	○棒グラフを使って，学級力アンケートの結果の読み取りをする。 ○折れ線グラフを使って，学級力アンケートの結果の読み取りをする。 ○学級力レーダーチャートを組み入れた新聞を作成する。
	音楽	○学級力の観点に沿ったクラスソングやテーマソングを作る。
	図工科・美術科	○学級力の観点をキーワードにした学級旗や学級エンブレムを作る。
	外国語活動・英語科	○学級力向上をテーマにしたスピーチをする。
道徳科		○友だち，友情，学級の団結，いじめやけんかをテーマに話し合う。 ○話し合いの結果をビッグ・カルタにして掲示する。
特別活動（委員会活動）		○スマイルタイムを実施する。 ○学級力向上につながるお楽しみ会や学級イベントを行う。 ○行事ごとに学級力向上のめあてを決めて，その成果を振り返る。 ○委員会活動で学級力係を決め，児童生徒主体で取り組みを推進する。 ○係活動や当番の成果と課題について話し合う。 ○学級力はがき新聞を書いて掲示する。
総合的な学習の時間		○学級力アンケートの結果を用いて統計グラフ・コンクールに応募する。 ○多様なワークショップを体験して，集団の成長について話し合う。 ○小集団でプロジェクトを実施し，その成果について話し合う。 ○成長発表会や評価セッションを設定して，学級力の成長を振り返る。 ○校外での活動についてねらいを定め，活動の振り返りをする。 ○学級力壁新聞を書いて，発表会を行う。
給食・清掃		○学級力向上の成果を祝し，牛乳で乾杯する。 ○もくもく清掃に取り組み，協力の大切さを実感させる。

表10-1は，学級力向上カリキュラムに組み入れる活動のアイデアを，カリキュラム領域別に示したものである。あくまでも試案であるため，今後追加や差し替えなどが想定される。

　こうした多様な取り組みの例を参考にして，学級で一年間継続的に取り組む，学級力向上カリキュラムが編成される。もちろん学級の実態に応じて，学級力レーダーチャートの結果をみながら課題を補うための活動を追加したり，学級力レーダーチャートの変化に合わせて，計画していた活動を入れ替えたりすることもあるだろう。つまり，学級力の実態や変化に応じた柔軟なカリキュラム・マネジメントが求められているといえる。

10.6　カリキュラム開発の実際

　最近の学級力向上カリキュラムの開発事例としては，蛯谷みさ教諭（実践当時）が小学校低学年と高学年のための教科横断的なサブ・カリキュラムを編成しているので参考にしたい。

　まず図表10-2は，小学校2年生において，「友だちカリキュラム」と称して開発した，学級力向上のための教科横断的なサブ・カリキュラムである。低学年の発達段階を十分に考慮して，劇づくりを取り入れたり，道徳の時間に友だちづくりの基礎的な道徳性を育てたり，はがき新聞で友だちづくりについて継続的に綴らせる活動をうまく組み込んでいる（蛯谷 2014：21）。

　もう一つの事例は，小学校5年生において実施した，学級力向上のための教科横断的なサブ・カリキュラムである。ここでは4つの教科・領域におけるカリキュラム編成の基本原則を設定した後に，子どもたちの提案を生かしながら1年間にわたるサブ・カリキュラムを創っていった（蛯谷・田中 2015：79-80）。

　どちらの学級力向上カリキュラムも，学級内の人間関係上の諸問題を解決すべく，必要で十分な仲間づくりに関する学習内容と学習時間を保証するために生まれたものである。まさに，学級担任と子どもたちの学級づくりの共同作品になっている。

表10-2 学級力向上カリキュラム（小学校2年向け・全38時間）

学期	時数	プロジェクトの流れ	教科・領域
1学期	1	①「いいクラスって？」をテーマにスマイルタイムで話し合う	特別活動
	1	②「ともだちにしてもらってうれしかったこと」をKJ法で整理する	道徳
	1	③「してあげたらありがとうといわれたこと」をKJ法で整理する	道徳
	1	④「ともだちにされて悲しかったこと」をKJ法で整理する	道徳
	1	⑤カードを見ながら，ベスト5を選び友だちアンケートを作る	特別活動
	1	⑥自作アンケートを集計し，グラフにしてスマイルタイムで話し合う	特別活動
2学期	1	⑦「悪口をなぜ言うの？」をテーマに話し合う	道徳
	8	⑧児童劇「まおうのともだち」を実演する学校行事	国語
	2	⑨サークルタイムで友だちについて話し合い，ビッグカルタを作る	特別活動
	1	⑩はがき新聞に，友だちのよさについて書く	特別活動
	1	⑪自作アンケートを集計し，グラフにしてスマイルタイムで話し合う	特別活動
	1	⑫はがき新聞に，2学期の成長と3学期への自分の決意を書く	特別活動
	3	⑬「もっとともだちカルタ」を作って遊ぶ	特別活動
3学期	2	⑭友だち紹介をしよう	国語
	1	⑮第1回学級力アンケートをしてスマイルタイムで話し合う	特別活動
	1	⑯はがき新聞に，みんなで達成できたこと・がんばることを書く	特別活動
	8	⑰国語科開発単元「とべないホタル」の第13巻を作って発表する	国語
	1	⑱第2回学級力アンケートをしてスマイルタイムで成長を確認する	特別活動
	1	⑲本当の友だちについてサークルタイムで話し合いカルタにまとめる	特別活動
	1	⑳はがき新聞に，友だちについて1年間の成果を書く	特別活動

10.7　校内研修における学級力向上カリキュラムの作成研修

10.7.1　ビジュアル・ワークショップによる学級力向上カリキュラムの開発研修

　最後に，年間指導レベルでの学級力向上プロジェクトのカリキュラム開発の視点と方法を具体的に体験できる，校内研修の新しい手法を開発したので紹介したい。具体的な校内研修の方法として構想した，ビジュアル・ワークショップの特徴と活用方法についての解説に話を進めていこう。

　ビジュアル・ワークショップとは，絵カードやモデル図，グラフ，写真，マ

ンガなどの画像資料を用いて，具体的なイメージやエビデンスに基づいて自己の資質・能力を高めるための作業的な研修である。

　学校にあてはめて考えると，ビジュアル・ワークショップは，付箋紙を用いた文字言語による研修を超えて，絵カードやグラフ，写真，マンガ，はがき新聞などの画像資料を用いて特色ある教育活動とその成果を可視化し，専門的力量形成のために教員が取り組む協働的な研修を意味している。

　特に画像資料を用いるメリットは，校内で増えている若手教員が，経験の少ない教育活動についても具体的なイメージを持ちやすくなること，そして，若手を含めた職歴の多様な教員間で特色ある教育活動に関する合意形成が図りやすくなることがあげられる。

　さらに，画像資料を用いて教員同士で協力して作り上げた作品を職員室内で掲示しておくことによって，学級力を基盤においた学年経営や学校経営をしているという意識を維持していく上で効果的である。作品としては，学級力レーダーチャートに効果的な学級づくりのアドバイスを記入したものや，アクションカードを四つ切り画用紙に貼り付けて作成した学級経営カリキュラム・プランなどがある。

　学級力に関わる画像資料については，次のようなものが活用できる。この中で，レーダーチャート作成プログラムやアクションカードは，田中（2018a）のインターネット・ダウンロードサイトから入手可能になっている。

【学級マネジメント研修で活用できる画像資料】
① 子ども向け学級力向上プロジェクトに関するもの
・学級力レーダーチャート
・アクションカード
・はがき新聞（子どもの作品）
② 教員向け学級マネジメント力向上研修に関するもの
・学級マネジメント力レーダーチャート
・アクションカード
・学級力漫画（磯部ほか 2017）

この中で，アクションカードとは，子どもたちが学級力向上のために実施するスマイル・アクションを絵カードにイラストで描いたもので，現在小学校版及び中学校版のそれぞれ36枚のカードがダウンロード可能な形で提供されている。それらのファイルは，名称を付けてパワーポイントのファイルにしてあるので，すぐに必要なサイズにして印刷することができる。
　基本的には，スマイルタイムと呼ぶ学級力に関する話し合いの時間で，子どもたちが取り組み活動を選択・決定するためのツールであるが，同じカードを校内研修で教員が活用して，学級力向上プロジェクトで子どもたちに取り組ませたい活動（スマイル・アクション）を想定して，年間レベルの学級経営カリキュラムを作成する演習を行えることがメリットになっている。
　では，ビジュアル・ワークショップ研修のあり方を，次に解説しよう。

10.7.2　学級マネジメント研修の具体例

　ビジュアル・ワークショップの考え方に基づく学級マネジメント研修には，① 学級力向上プロジェクト報告会，② 学級経営カリキュラム作成研修，③ 学級マネジメント力向上研修という3つのタイプがある。ここでは，タイプ②について解説する。

【学級経営カリキュラム作成研修のあり方】
［ねらい］
　年間を通した意図的・計画的なスマイル・アクションを学級担任と子どもたちが協力して進めることができるように，学年単位でグループを構成し，子どもが使うアクションカードを活用して学級経営カリキュラム・プランを作成するワークショップを行う。
［準備物］
・カラー印刷したアクションカード
・四つ切り画用紙（グループ数分）
・のり，はさみ，定規，水性マジック
・できれば学級力マンガを教員数分用意しておく

［手　順］
　まず，学級力マンガを読んで学級力向上プロジェクトの進め方の概要をつかんでおく。自分の学年や学級での一年間の主な学校行事や総合的な学習の時間のプロジェクト，主要教科の主な学習活動を想定しながら，アクションカードをはさみで一つひとつ切り離して，四つ切り画用紙の上に月と教科，領域，行事などを交差させて描いたマトリクスのセルの中に貼り付けていく。完成した学級経営カリキュラム・プランを，グループ毎に発表してアドバイスをもらい，その年度の計画的なスマイル・アクションの実施の概要を学年団で共有する。

［留意点］
　あくまでも校内研修でのプランづくりであることを念頭において，作成したアクションカードの系列をそのまま各学級で強制的に実施するわけではないことを確認する。各学年の子どもの発達段階や行事の事前・事後指導，特別活動と道徳科の関連づけなどを意識してプランづくりをするように意識する。また，学級力アンケートとスマイルタイム（話し合い活動）を実施するタイミングを忘れないように赤字で記入するようにする。
　こうした校内研修を毎年定期的に実施することで，校内の全教員が意図的・

写真10-1　アクションカードを用いた学級力向上カリキュラムの作成研修

計画的な学級づくりの大切さを共通認識することができるし，さらに，若手育成や学年経営にもよい効果を発揮することが実践校で経験的にわかっている（田中 2018a）。

ぜひ多くの学校で実践していただくことを，期待したい。

10.8　今後の研究課題

今後は，学級力向上プロジェクトのカリキュラム開発を研究協力校との共同研究により，各学年の児童生徒の発達段階に応じた事例研究を通して行っていきたい。その際には，「特別の教科 道徳」との連携による教科横断的なカリキュラム開発が不可欠の要素になると思われる。

なぜなら，学級力アンケートに組み入れた項目の多くは，実は「学級道徳」とも呼べる内容をもっているため，例えば内容項目の「集団生活の充実」や「個性の伸長」「規律の尊重」などとの関連を図りながら，道徳科における道徳ワークショップによって子どもたちの学級力を高めることが効果的であることが予想される（田中 2018b）。

その意味で，道徳科と特別活動，そして国語科などを相互に関連づけた学級づくりのための教科横断的なカリキュラム開発を行うことが，今後益々重要になってくる。

引用・参考文献

磯部征尊・伊藤大輔・武田弦編著（2017）『マンガで学ぼう！　アクティブ・ラーニングの学級づくり』金子書房.

蛯谷みさ（2014）「『ほんとうのともだちになろう！』プロジェクト」田中博之編著『学級力向上プロジェクト2』金子書房，20-28.

蛯谷みさ・田中博之（2015）「小学校5年における学級力向上プロジェクトの開発と評価」『早稲田大学大学院教職研究科紀要』7：59-88（早稲田大学リポジトリよりダウンロード可）.

田中博之編著（2013）『学級力向上プロジェクト』金子書房.

田中博之著編著（2016）『学級力向上プロジェクト3』金子書房.

田中博之著（2017）『改訂版カリキュラム編成論』NHK出版.
田中博之編著（2018a）『若手教員の学級マネジメント力が伸びる！』金子書房.
田中博之・梅澤泉・彦田泰輔共著（2018b）『「考え，議論する」道徳ワークショップ』明治図書出版.

第11章

学校を基盤としたカリキュラム開発の研修

村川雅弘

本章では,学校を基盤としたカリキュラム開発全般及びその核である授業の設計・実施・評価・改善にかかわる校内研修に関して,特に教員の主体性や協働性を引き出すワークショップ型の研修について具体的な事例を取り上げて論考する。

11.1 我が国における学校を基盤としたカリキュラム開発とその手順

村川（2005）は「各学校の教育課程の基準としての学習指導要領の存在が,『学習指導要領＝カリキュラム』といった認識を生み,（中略）真に地域や学校,子どもの実態を反映したカリキュラム開発を阻んできた」「確かに,大正期の新教育運動やコアカリキュラム運動,一部の私立学校や教員養成系大学・学部の附属学校でカリキュラム開発が行われてきた経緯がある。また,昭和51年（1976）度より始まった文部省（当時）の研究開発学校による開発研究は一般の公立学校にまでその意識と機会を拡大した点で効果的であったが,まだまだカリキュラム開発は特殊なものと見られる感が強い」と述べている。

各学校がカリキュラム開発の必要性に迫られるきっかけとなったのは,平成10年学習指導要領により小・中・高及び特別支援学校に創設された「総合的な学習の時間」の導入である。その後,平成29年（2017）学習指導要領で示された「カリキュラム・マネジメント」（以下,引用を除き「カリマネ」と略す）の実現が学校を基盤としたカリキュラム開発を推進していくものと考えられる。カ

リマネの登場により，カリキュラム開発が特別なもの，教育課程編成に関係しているのは教務主任以上という意識からカリマネには全教職員がかかわるという意識へ変わっていくことが期待される。また，平成31年度より教育課程に関する科目が，全国の教員養成系大学・短期大学の学部・学科の教職に関する必修科目となり，カリマネについては必ず取り上げることとなる。カリマネに関する理解は新規採用一年目の教員から求められるのである。

村川（2013a）はカリマネの手順及び構成要素を以下の8つに整理している。

① 児童生徒や地域の実態把握に基づく学校教育目標の設定と共通理解

全国学力・学習状況調査や県版学力テスト等の各種調査に加え，日頃の子どもの姿や保護者や地域の人の思いや願いを受け止め，学校教育目標の設定に反映させることが重要である。さらに，これからの先行き不透明な時代を生きていくために必要とされている資質・能力も加味することが今後求められる。校内においての学校教育目標の明確化・共有化が大切である。

② ①を達成するための教育活動の内容や方法の基本的な理念や方針の設定

目標のベクトルだけでなく，その目標実現のための方法のベクトルを揃える必要がある。学習規律や学習技能，指導方法等を学校の中で「何をどこまで揃えるか」を考慮し，共通理解を図ることが求められる。

③ ②を実現するための各教育活動の目標や内容，方法の具体化

学校全体としての授業づくりの方向性を踏まえ，各教科等の授業づくりや教材開発の検討を行う。特に，総合的な学習の時間は各教科等との関連を意識する必要がある。

④ 日々の教育活動と経営活動にかかわる形成的及び総括的な評価・改善

日々の授業や行事，学級経営や学年経営，校務分掌や会議などの様々な教育活動・経営活動の実施において，その取り組みを見直し，評価し，改善を図り，小さなスパンでのPDCAサイクルを回す。その中でも，授業の評価・改善を計画的・組織的に行うのが授業研究である。授業改善につながる授業研究が校内研修の中でも，またカリキュラム開発においても核となる。

⑤ ④を支える指導体制及び運営体制，学習環境及び研修環境，経費や時間などの工夫・改善

　授業に関して教員一人だけで進めることには限界がある。また，総合的な学習の時間だけでなく教科指導においても地域人材や専門家の登用が考えられる。

⑥ **教職員の力量向上や職能開発，意識改革のための校内研修**

　新学習指導要領の実現のために求められる教員の力量の向上とそのための研修の工夫・改善が求められる。特に，増加傾向にある若手教員の育成においては特段の工夫が求められる。

⑦ **家庭・地域及び外部機関（教育委員会や他の学校など）との連携・協力**

　新学習指導要領がめざす「資質・能力の育成や社会に開かれた教育課程の実現」に向け，家庭や地域とのヨコの連携・協力は欠かせない。参加から参画へと意識変革したい。また，資質・能力の育成をめざす幼・小・中・高の学校間のタテの連携・接続の質が問われてくる。

⑧ **管理職のリーダーシップと中堅層のカリキュラムリーダーシップ**

　学校全体のカリマネのリーダーは校長以下の管理職であるが，各教科等や学年のカリマネのリーダーは教務主任や教科主任，総合学習主任などの中堅層である。また，学級のカリマネは学級担任が行うものである。

11.2　多様な授業分析・評価方法

　前項でも述べたが，様々な校内研修及びカリキュラム開発の中で最も重要な研修は授業研究である。本格的な紹介や論考は他章に委ねる。授業研究には研究授業の前に行う事前研（教材研究や指導案検討など）と事後研（研究対象授業の分析・評価及び改善など）がある。ここでは事後研における授業者自身による分析・評価及び同僚教師や他校の教師，指導主事，研究者等の第三者による分析・評価に絞って，その具体的な手法を整理しておきたい。

　まず，事後研における分析・評価の対象は，学習者の「Ⅰ；授業内容に関する知識・理解・技能の習得及び定着状況」「Ⅱ：個々の学習意欲と全体の学習

雰囲気・学級文化」「Ⅲ：学習活動（個人思考や話し合い，発表，振り返りなど）」である。今次改訂で育成をめざす資質・能力の3つの柱との関連が強い。Ⅰは「生きて働く知識・技能」の習得」，Ⅱは「学びを人生や社会に生かそうとする「学びに向かう力や人間性」の涵養」，Ⅲは「未知の状況にも対応できる「思考力・判断力・表現力」の育成」の視点を意識して子どもの学習活動を捉えていきたい。

　教師に関しては「Ⅳ：教授活動（教材や発問，板書，机間指導，ICT活用など）」「Ⅴ：教室環境（話し合い等の約束や学習履歴などの掲示物，ワークシートや学習成果物，ICTや図書など）の整備と活用」が考えられる。

　分析・評価の主体（誰が分析・評価するか）と対象（何を分析・評価するか）によって，以下のように様々な手法が開発されてきた。

11.2.1　学習者が主体となる授業の分析・評価

　学習者が分析・評価の主体となるものとして次のものがある。

　Ⅰに関しては，授業終末時の学習者による「振り返りカード」やワークシート，学習ノートの記述内容，学習内容の確認のためのミニテストの結果から，学習者自身が取り組み状況や理解状況を把握することができる。

　Ⅱに関しては，学習意欲面については「振り返りカード」からも読み取れる。また，学習雰囲気については，子どもによるSD法 (Semantic Differential Technique) の結果の活用が有効である。例えば，「協力的 – 非協力的」「おもしろい – つまらない」「活発な – 沈んだ」などの集団の雰囲気を表す対語に関して「とても」「やや」「どちらとも」「やや」「とても」の5肢選択で回答するものである。1時間の授業を評価することは少なく，ある一定期間の授業や学級を対象に評価することが多い。

　ⅢやⅣに関しては，評定尺度法が有効である。例えば，全国学力・学習状況調査の小学校第6学年児童質問紙の「あなたが5年生までに受けた授業について，当てはまるものを1つずつ選んでください。」の「(55) 授業では，課題の解決に向けて，自分で考え，自分から取り組んでいたと思う」や「(56) 授業で，自分の考えを発表する機会では，自分の考えがうまく伝わるよう，資料や文章，

話の組立てなどを工夫して発表していたと思う」などは長いスパンでみた学習活動の評価である。「当てはまる」「どちらかといえば，当てはまる」「どちらかといえば，当てはまらない」「当てはまらない」の4肢選択で回答させている。SD法と同様に，これらも1単位時間だけを評価することは少ないが，項目の一部を用いることで1時間の授業評価にも活用が可能である。

11.2.2　授業者が主体となる授業の分析・評価

Iに関しては，学習者の「振り返りカード」やワークシート，学習ノートの記述内容，ミニテスト等から学習者の取り組み状況や理解状況を把握することができる。授業中に記録した座席表を含めたメモも一人一人の状況を多面的（I，II，IIIのすべてを含む）に捉える上で重要である。

授業者及び学習者の発言の逐語記録や録画記録を用いて，教授活動や学習活動を多面的に分析・評価する方法がある。事後研においてビデオを視聴することは時間的な問題もありあまり行われていない。授業者が自己の振り返りのために活用することはある。

11.2.3　参観者（同僚教師等）が主体となる授業の分析・評価

授業参観者（同僚教師や他校の教師，指導主事，研究者など）が授業の分析・評価を行う手法としては次のようなものがある。

Iに関しては，授業者と同様に，ミニテストの結果や「振り返りカード」，ワークシート等の記述内容を活用できる。授業者とは視点や読み取り方，解釈が異なってくる。そこに意味がある。実際，事後研の際に，振り返りカードやワークシートを持ち寄って，授業全体の傾向や気になる子どもの記述を協議の資料として活用する場合は少なくない。

IIやIVに関しては，学習者によるSD法や評定尺度法の結果を活用することもできるが，観察者がSD法や評定尺度法あるいはチェックリスト法で分析する方法も行われている。評定尺度法は，例えば，教師について「発問が適切である－適切でない」や「説明がていねい－あらい」などに関して5～7段階程度で評価する。チェックリスト法は，主体的・対話的で深い学びをめざす授業

ならば，例えば「自力解決」場面において「思考できる十分な時間を設定している」「自力解決が進んでいない児童（生徒）に対して，何に困っているのかを把握し，支援を行っている」「自力解決が進んでいる児童（生徒）に対して，考えを説明できたり，新たな考えが書けるように支援を行っている」などの具体的な手立てについて「はい」「いいえ」などで回答する（村川 2018）。チェックリストは観察者が行う場合と授業者が自らの授業の設計や振り返りに活用する場合がある。

観察者は一般的に配付された指導案やノート，メモ等に各自記録を残すことが多い。校内で担当を決めて逐語記録をとったり，ビデオや写真を撮ったりする場合がある。事後研において，観察記録は各自がコメントを述べる際に活用されている。また，逐語記録や写真は活用されることは時折見受けられるが，ビデオ記録を活用することは時間的な問題でほとんどみられない。

11.3 授業研究の改善のためのワークショップ

11.3.1 主体的・対話的で深い学びとワークショップ型授業研究

ワークショップ型を取り入れている学校では教師が育つ。授業研究だけでなく様々な研修課題に対して，若手教師であっても，一人一人が自己の考えを持って（主体的），述べ合い受け入れ合うことによって（対話的），自己の考えと他の教師の考えを比べたりつなげたりすることで（深い）学びが起こる。

ワークショップ型授業研究には，その過程において様々な学びの場が組み込まれている。

① まず，授業参観の際には主体的・分析的な観察を引き出す。数分の感想や意見が求められる従来型の事後研と異なり，授業の各場面（導入や展開，まとめなど）や様々な構成要素（板書や発問，教材，個別指導，学習形態，学習環境等々）に関してのきめ細かな協議が予定されているため必然的に主体的・分析的に授業参観に臨むこととなる。（主体的な学び）

② 協議前に参観メモを基に付せんに記入する。メモの内容を他者に理解できるように記述し直す必要がある。その時に概念整理が起こる。（主体的な学

び)

　③ 記述した付せんを出し合う。同じ場面や要素であるにもかかわらず見方や捉え方が異なる。授業の各場面や構成要素について自分なりの意見や解釈を具体的に記述しているからこそ，同僚のそれと比べることで深い学びがおきる。例えば，教師Aが水色の付せんに「授業の導入で子どもとめあてを確認したのはよかった」と書いたとする。教師Bから「前時の最後に振り返りをしっかりしておけば，今日のめあては子どもから出たはずだ」の桃色の付せんが出てくる。そこで，教師Aは「授業は一時間だけで考えるのではなく，前時とのつながりや単元レベルで考えていくのだ」と学ぶ。(対話的で深い学び)

　写真は，甲南女子大学3年生（平成29年度）が教育実習後に互いの授業記録をビデオで視聴した後,「指導案拡大シート」を用いて，3色の付せん（水色は「よかった点，工夫されていた点」，黄色は「疑問や課題」，桃色は「改善策や助言」）を使い分け，各自が書いたコメントを整理している場面である。ワークショップを取り入れることにより，学部学生でも十分に授業分析・評価が行える。

　④ 付せんを整理し小見出しを付け，グループ間の関係（因果関係や対立関係など）を矢印等で明らかにする。例えば，子どもの学習活動が停滞したとしたら，その直前の教師の指導・支援等に問題がある。授業は様々な要因・要素が複雑に絡み合っている。授業を構造的に捉える力が身につく。(深い学び)

　例えば，次頁の写真は同じく別の実習生の授業を「概念化シート」で分析した成果物である。小学校3年の算数の授業である。「授業に集中し自己の考えを持っている児童が多い」ことが水色の付せんで示されている。しかし，黄色の付せんには「積極的に発表する児童はごく少数である」という課題も指摘されている。児童の発言を促し話し合いを活性化させるために，「机間指導の際

には個別指導に留まらず，個々の学習状況を把握し，全体での話し合いの際にそれを生かして，具体的な発問を個別に具体的に行うことで話し合いを活性化させることができるのでは」と改善策（桃色の付せん）が複数の付せんを関連付け構造的に示されている。

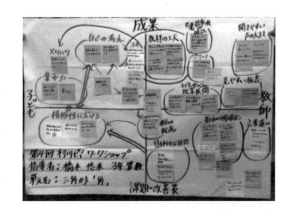

　⑤ 分析結果を他のチームに説明する際に改めて自分の言葉で授業を関連づける。他チームの分析結果と比べることで新たな視点を学ぶ。（対話的で深い学び）

　授業者にとっても学びは多い。ワークショップ型授業研究では，授業の成果やよさ，問題点，助言や改善点がバランスよく提示され，それらが構造的に示される。具体的な記述は授業者が自己の授業を評価・改善する上で大変参考になる。「指導案拡大シート」や「マトリクスシート」「概念化シート」等，各シートの特性により分析結果に違いが出るので，複数のシートを活用することでより多面的に意見をもらうことができる。

　若手に限らず，事後研においては授業者自身もワークショップをすることを勧めている。主に指導案の本時案の部分をA3に拡大し，前述の③と同様に3色の付せんに気付きを記述し，本時案の該当個所に貼る。「うまくいったこと」は水色，「うまくいかなかったこと」は黄色，「こうすればよかった」は桃色の付せんに書く。具体的に記述し明確な問題意識をもった上で同僚の分析結果と比べることができる。授業者にも「主体的・対話的で深い学び」が保障される。

11.3.2　ワークショップ型授業分析の特長

　事後研において，講義型やコの字型，ロの字型に机やテーブルを配置し，順にあるいは任意に発言を促すスタイルの協議は少なくなかった。その結果，

「一部の教師の発言にとどまる」「若い教師がなかなか意見を述べにくい」「異なる教科の授業について口を挟みにくい」「偏った視点からの協議に流れる」「一方的な賞賛・批判に終始する」「成果と課題が明確にならない」「時間通りに終わらない」「授業改善につながらない」といった課題が少なからずみられた。

　前項でも述べたように，ワークショップ型授業研究の特長として，「限られた時間の中で全員が意見を述べることができる」「若い教師や教科が異なる教師も意見を述べやすい」「授業のよさや成果，問題点，助言や改善策がバランスよく出される」「授業参観の観点に沿って検討がなされる」「成果や課題が形となって残る」といったことが挙げられる。

　11.2において多様な授業分析・評価の手法を紹介したが，各手法の大半が授業分析・評価の対象（Ⅰ～Ⅴ）を個別的に扱うのに対して，ワークショップ型の授業分析では同時に教師の教授活動や子どもの学習活動を多面的に扱うだけでなく，それらを関連付けて，構造的に分析・評価することを可能とする。

　さらに，ワークショップ型授業研究を通して，付せんの書き方や整理の仕方などの基礎的なノウハウや多様な分析シートの使い方を体験することで，後述するような多様な研修課題に援用することが可能である。

11.3.3　ワークショップ型授業研究の源流

　ワークショップ型授業研究の源流は筆者が所属していた大阪大学人間科学部教育技術学講座（当時）の水越敏行研究室にある。「フリーカード法」という手法で授業分析を行っていた。その講座には当時，教授，助教授，助手，技官，大学院生，学部生，そして内地留学の現職教員がいた。演習の際に，授業のビデオを視聴しながら，気づいたことや考えたことを「フリーカード」（名刺大の紙片）に書き出し，グループに分かれて整理・構造化を図った。構造化の仕方にもいくつかのタイプが考えられるが，主に採用していたのは次の2つの方法である（村川 1988a）。

　一つは，自由に構造化を図っていく方法である。いわゆるKJ法である。同じような記述内容のカードを集めていくと，教師に関すること（発問，指名，KR，板書，机間巡視，教材など），子どもに関すること（意欲，挙手，発言，グ

ループ活動など），学習環境に関すること（掲示，机の配置，メディアなど）などの島ができあがってくる。新しい授業（当時この研究室では，メディアミックスやICT活用，総合学習など）の開発研究を行ったり，授業の構造を明らかにするのに有効であった。この方法による分析を何回か重ねることで，授業分析のための調査項目の作成が容易になっていった。

　一つは，時系列で整理していく方法である。例えば，模造紙を縦に用いて，真ん中で区切り，右半分は「プラス面」，左半分は「マイナス面」として整理していくと，授業のどの部分で沈滞したのか，その原因は何だったのかが明確になる。この手法は現在の「指導案拡大シート」による授業分析に引き継がれている。

　このワークショップ型の授業分析を体験した当時の学生たちは，現在研究者として本書の執筆陣（有本昌弘，浅田匡，黒上晴夫，田中博之，木原俊行）となっている。いずれもが学校現場を重要視し，授業研究を基盤とした研究方法をとっている。

11.4　学校を基盤としたカリキュラム開発のためのワークショップ型研修

11.4.1　子どもや学校，地域の実態と育成すべき資質・能力を踏まえた教育目標の設定

　学習指導要領には各教科等の目標や内容，今次改訂からは目標の中で資質・能力と見方・考え方が示されているが，子ども及び学校や地域の実状は大きく異なる。各学校においては，様々な実状を踏まえた上で，子どもの生きる未来社会を見通し，学校教育の目的や意義を改めて考え，教育目標を設定していくことが求められる。

　まず，自校の子どもたちの実態や特性を捉え直し，共通理解を図ることが先決である。村川雅弘（2016）は「児童・生徒の実態把握と共有化」ワークショップを勧めている。「概念化シート」を応用し，縦軸を「よさ」と「課題」，横軸を「生活面」と「学習面」とする。子どもたちの姿を通しての教職員の気付き

や思いを大切にしながら全国学力・学習状況調査や都道府県版学力テスト，新体力テスト等の諸データ，保護者や地域の方からの意見や思いも加味して検討したい。例えば，学年ごとに分析し，その上で共通点や学年や発達段階等による差異を明確にしたい。分析や検討の過程で共有化が図られる。

11.4.2　ウェビング等による教材研究

教科学習において水越研究室で用いられていた手法として「思考マップ法」（村川 1988b）がある。「思考のルートマップ」や「思考過程のモデル図」ともいわれる。授業中に学習者がたどると予想される思考の流れを構造化し，授業の設計や評価を行うものである。思考マップと実際の学習者の思考ルートを比較することで，学級全体や抽出児童・生徒の状況を把握することができる。現在ではあまり活用されていないが，主体的・対話的で深い学びによる授業づくりが求められる今日において再度その有効性を検討すべきである。

同様の考え方で推奨したいのがウェビング法である。特に，子どもや地域の実状に応じて教材開発や授業設計を行う必要がある総合的な学習において有効である。例えば，該当学年が中心教材として扱う対象（例えば，「○○川」「○○祭」など）を中心に記述し，「どのような情報が関連するか」「どのような体験や学習活動が可能か」「各教科等とどのような関連が可能か」「どのような人材とかかわらせることが可能か」など思いつく言葉をつなげる。模造紙に直接書いていくこともできるが，後で位置を変えることを考えると付せんを活用するのも有効である。

11.4.3　教科横断的な視点による教育内容等の構成

学校が掲げた目標や資質・能力は各教科等の中での閉じた学びだけで実現することはできない。環境や福祉，健康や安全，防災などの現代的諸課題の問題解決において各教科等の知識や技能を関連付けて総合的に活用することが求められる。

今次改訂では，資質・能力の視点から教育課程全体を見直そうとしている。総合的な学習の時間と各教科等の関連においては，これまではどちらかといえ

ば内容面から捉えていたが，今後は資質・能力面においての捉え直しも必要となる。「総合的な学習の時間と各教科等との関連」ワークショップ（村川 2016）が有効である。資質・能力面と内容面とで付せんの色（例えば，「資質・能力面」は水色，「内容面」は桃色）を変えることで両者への意識付けを図ることができる。

　ほとんどの教科を担当する小学校では，生活科や総合的な学習の時間を介して，教科学習と社会とをつなげたり，教科と教科とをつなげたりすることや必要に応じて学習内容の再編成を行うことは比較的容易であるが，中学校や高等学校では，教科担任制のために困難である。例えば，岩手県立盛岡第三高等学校のように，授業公開を日常化し一部分でもよいので他教科の授業を見合うことで，今どのような内容を扱っているのかを互いに知ることとなり，担当教科の内容と他教科等の内容との関連を意識した指導が可能となる（村川 2013b）。子ども一人一人の学びの中で教科横断的な視点での関連付けを行うのである。

11.4.4　教育課程の実施状況の評価による見直し・改善

　教育課程を編成し，実施し，評価して改善を図る一連の PDCA サイクルを確立する上で，各種調査やデータの分析・活用が重要である。筆者は小・中学校の指導を複数年継続して行うことが多いが，授業が改善された学校は各種調査の関連項目に必ず数値として表れることを実感する。

　全国学力・学習状況調査（以降，全国学調）や都道府県版学力調査，新体力テスト等の各種調査のデータを，授業改善や学校改革に生かすことが重要であり，それらの調査結果や日々の子どもたちの姿を踏まえて，教育課程の「P（計画）・D（実施）・C（評価）・A（改善）サイクル」を確立することが必要である。

　その際，全国学調の結果を一部の学年（例えば，小学校6年や中学校3年）や教科（例えば，国語や数学）の教員だけで分析・検討するのではなく，結果はすべて学校の成果であり，課題であると受け止めることが大切である。課題に関しては具体的な改善策を学校全体で模索し，その実現に取り組むことが必要である。

全国学調等の結果を踏まえて，研究の方向性や年間指導計画を見直すことも重要であるが，日頃の子どもの姿を基に日常的に見直し・改善を図っていくことが重要である。その日の授業の反応を踏まえて次の授業の内容や方法を改善していく短期的な PDCA は一般的に行われていることである。

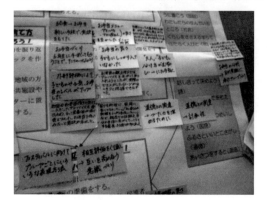

子どもたちの日常的な姿を中心にカリキュラムの見直し・改善を図る研修としてよく行っているのが「年間指導計画を全教職員で見直し次年度に繋げる」ワークショップである（村川 2016）。「指導案拡大シート」の応用である。指導案の代わりに，年間指導計画を模造紙サイズや A3 に拡大したものを用意する（左写真）。それ以外に，付せんを3色（水色，黄色，桃色）を用意する。付せんの使い分けは，一年間の実践を振り返って，「よかったので来年も続けるべき」（水色），「うまくいかなかったので止めた方がいい。改善の余地がある」（黄色），「今年はできなかったけど来年はこうすればいいのでは」（桃色）である。3色の付せんに実践を踏まえての気付きやコメントを書き，年間指導計画の該当箇所に貼っていく。その成果物を次年度の該当学年の教員へ渡すのである。改善案の作成自体は次年度の教員に委ねる。年度末に実践（D）を踏まえての見直し・改善（C・A）を行い。年度始めにそれを受けての改善・計画（A・P）を行う。D→CA→AP→D→CA→AP を繰り返すことで，PDCA サイクルを確立していくのである。子どもや地域の実態や特性を踏まえて，継承しつつも形骸化しないために有効な方法である。

11.5 教員養成や初任研におけるカリキュラム開発力育成の試行

次頁の写真は，福山市立大学の集中講義「生活科指導法」の中での成果物の

一つである。

　集中講義前半2日半の学習成果をチームで整理し，チームごとに単元計画を立てるワークショップである。この時は10チームに分かれて10個の単元計画を作成した。水色の付せんには児童の活動（左半分），黄色の付せんには教師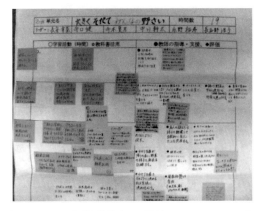
の指導・支援（右半分），緑色の付せんには各教科等との関連についてのアイデアが書かれている。生活科1年の最初の単元から2年最後の単元までを通して発表する際には，他のチームからの助言を桃色の付せんに書かせ，最終的にそれを踏まえて計画の改善を行っている。単元計画だけでなく，学習指導案や年間指導計画を立てる際にも有効な方法である。

　このワークショップに関する感想を一つ紹介する。「一人で単元づくりをするより，ワークショップという形で他者と話し合いをしながら行う方が，意見もたくさん出て，自分では考えてこなかったことやなるほどと思うことがいっぱいで，活かしたいと感じる発見が多々あった。また，時には6人の中で意見が食い違う場面もあったけれど，そういった時に，なぜこのような意見を持っているのか，それぞれが伝え合うことで互いに納得できたし，異なる意見の良さを取り入れて，より良い新たな方法や活動を生み出すことができ，ワークショップの良さを実感することができた。教師になったら，単元づくりや指導案作成は一人ですることになると思うけど，時々このようなワークショップがあると，教師の視野や考えが狭まることなくどんどん広がっていき，より良い単元を作り続けることができると思った。（後略）」と述べている。同様な意見が多々見られた。

　将来，学校現場において単元計画や年間計画の作成がチームで行われる。学部生時代に模擬的ではあるがよい経験になると考える。

　次頁の写真は石川県の総合的な学習の時間に関する初任研の成果物である。

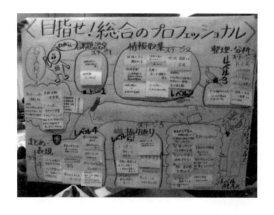

筆者の総合的な学習の時間の事例を聴きながらメモを取り，その後で単元づくりに必要な教師の手立てを各自付せんに書き，それを5，6人のメンバーで整理する。

具体的な事例を基に手立てを抽出し，チームで協議しながら整理・構造化を図る。事例を基に自分たちの言葉で考えた単元づくりモデルだからこそ，学校種や取り組む課題（環境や福祉，防災など）を超えて単元づくりが可能となる。また，将来出会う様々な事例をモデルと照らし合わせて理解することができる。

教員養成であるが，鳴門教育大学や聖心女子大学の「総合的な学習」の集中講義でも同様の取り組みを行っている。

前者の生活科は，教科書は存在するが子どもや地域の実状に応じた授業づくりが求められる。後者の総合的な学習の時間に関しては言うに及ばずである。将来，学校現場においてカリキュラム開発が求められる学部学生や新任教員に関して，これら2つのワークショップは有効であると考える。

引用・参考文献

村川雅弘（1988a）「観察書（同僚教師）の視点から授業の進め方を評価する」，水越敏行編著『授業を改善する・授業の分析と評価』ぎょうせい，21-40.

村川雅弘（1988b）「思考マップ法」，東洋・梅本堯夫・芝祐順・梶田叡一編『現代教育評価事典』金子書房，275.

村川雅弘（2005）「カリキュラム開発法」，立田慶祐編『教育研究ハンドブック』世界思想社，179-190.

村川雅弘（2013a）「「カリマネ」で学校は変わる」，村川雅弘・野口徹・田村知子・西留安雄編著『「カリマネ」で学校はここまで変わる！』ぎょうせい，2-11.

村川雅弘（2013b）「確かな学力と豊かな人間力の育成を目指すバランスあるカリキュラム」，村川雅弘・野口徹・田村知子・西留安雄編著『「カリマネ」で学校はここまで変わる！』ぎょうせい，142-149.

村川雅弘(2016)『ワークショップ型教員研修 はじめの一歩』教育開発研究所.
村川雅弘・八釼明美(2018)「学力向上に繋げる授業研究の見方12の処方」村川雅弘編集『学力向上・授業改善・学校改革 カリマネ100の処方』教育開発研究所,130-139.

第12章
学校全体でのシンキングツール導入の経緯と導因

黒上晴夫

12.1 シンキングツールと思考スキル

　シンキングツールが，急速に普及している。これを初めて紹介したのは，2006年に高槻市で開催したセミナーなので，12年間かけて，少しずつ広げてきた。各地でセミナーを開催すると同時に，近年では教員免許更新講習の選択科目としても開講している。それが，2017年以降公開された学習指導要領解説・総合的な学習の時間編（小中学校）および同・総合的な探究の時間編（高等学校）において，「『考えるための技法』を指導する際には，比較や分類を図や表を使って視覚的に行う，いわゆる思考ツールといったものを活用することが考えられる」（小学校 p.47，中学校 p.48，高等学校 p.53）と示されて以降，関心が一段と高まっていると感じられる。ちなみに，文部科学省では，シンキングツールのことを「思考ツール」と呼んでいるが，同じものである。

　シンキングツールは，紙になにがしかの図形や表のようなものが描かれた台紙で，頭に浮かぶアイデアや資料・メディアなどで提供される情報を，一覧できるように書き出して可視化するためのプラットフォームである。どのように書き出すか，書き出したアイデアをどのように活用して考えをつくり出すかが，図形や表，そこに書かれた視点などが暗示している。

　シンキングツールを活用するときに，もう一つ重要なのが思考スキルである。思考スキルは比較する，分類するなどに分けられ，それぞれが特定の考えを生み出すための認知的な手順である。したがって，思考スキルは手続き的な知識・技能と言える。それを踏まえて，「思考の結果を導くための具体的な手順

についての知識とその運用技法」と定義した（黒上ほか 2012）[1]。これらの知識や技法は，具体的な手順を明文化したり，シンキングツールを活用する手順を示したりして，習得をうながすことができる。このような考えにたって，シンキングツールを用いて思考スキルを習得させる学習プログラム，「ミューズ学習」を創ったのが，関西大学初等部である。

12.2　関西大学初等部

12.2.1　ミューズ学習

　関西大学初等部は，2010年に開校した。中・高等部の開校も同年である。開校の2年前に，準備室ができた。開校時に教員の中核となるメンバーが集められ，大学の法人本部の一画で，開校に必要な膨大な作業に携わった。また，大学で教育学や英語教育などに携わる研究者も含んだ準備委員会がつくられ，定期的に会合をもち，どのような学校にするか話し合った。様々なメンバーが集まるということは，多種多様な価値観，教育観，学習者観がぶつかることを意味する。

　この時期，関西の私学が立て続けに小学校を併設しはじめた。関大初等部は最後発である。したがって，他の小学校がどのようなコンセプトの学校をつくろうとしているか，当然検討した。また，長い伝統をもっている他地域の附属小学校や，新しい試みを行っている公立学校にも視察に出向いた。

　その中で，徐々に焦点が絞られていく。「学力向上」を標榜して，いわゆる学力テストの順位を問題視する風潮に乗るか否かが議論になった。その中で，新しい併設校は「思考力育成」[2]を学校のコアにするという合意が形成されていった。そして，それを支える基盤として，豊かなICT環境を整備することも決まっていった。その後，初代の田中明文初等部校長が，これらの決定について確固たる信念をもって学校を運営し，ぶれることがなかったことがたいへん頼もしかった。

　しかし，実際に「思考」をコアにする学校が，どのようにできるのかを考え，開校したら毎日続く授業のイメージを描いていったのは，二人の女性教師であ

表12-1　思考スキルとシンキングツール

比較する	ベン図
分類する	Yチャート（Xチャートを含む）
関連付ける	コンセプトマップ
多面的に見る	くま手図　および　フィッシュボーン
構造化する	なぜなにシート　および　ピラミッドチャート
評価する	PMI

った。一人は，岡山市の公立小学校で子どもを本気にさせるオーセンティックな環境教育や国際理解教育を実践し，文部科学省表彰も受けた三宅喜久子教諭。もう一人は，静岡市の公立小学校で，学校図書館の活用を軸足に，アナログとデジタルの橋をかける情報教育を提案してきた塩谷京子教諭。この二人が，思考スキルやシンキングツールについて学び，開校までに形にした。

　具体的には，総合的な学習の時間70時間のうち12時間分を，思考スキルの習得のために充てて，学校がある地域の名称にちなんで「ミューズ学習」と名づけた。ミューズ学習では，表12-1のように，6つの思考スキルに焦点をあてて，8つのシンキングツールと対応付ける。

　子どもに対しては，思考スキルを「考える技」と称して，技をゲットするという目標をもたせた。ゲットできた子どもには，スタンプを押してやるようなトークンも用意した。子どもは，考える技をゲットしてスタンプを集めて，「考える達人」になることをめざす。

　思考スキルの手順を，考える内容抜きに覚えることはできない。何らかのトピックや考える文脈を準備する必要がある。教科の内容でそれを行うと，習得させなければならないことがたくさんあって，思考スキルにかまっていられなくなる。したがって，ミューズ学習では，教科を離れて，子どもがどのように考えてもかまわないトピックを準備した。その中で，どのような手順で考えをつくり出すか，シンキングツールはどのように使えばよいのか，に話し合いや指導の重点をおくようにした。

　例えば，「比較する」スキルを習得させるために，「ベン図」を用いる。そして，次のように授業を展開した。

- 三宅先生と塩谷先生の同じ所と違う所を列挙する（図12-1）

図 12-1　三宅教諭と塩谷教諭の特徴でベン図を学ぶ

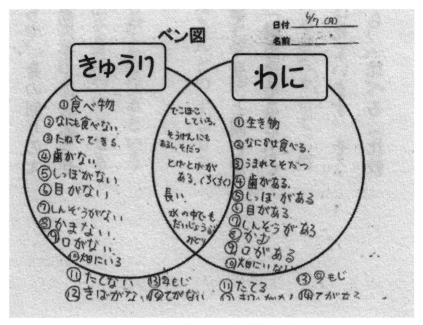

図 12-2　ワニとキュウリを比較するベン図（関西大学初等部 2012：42）

- 同じ所と違う所を整理するのがベン図だということを紹介する
- 比較してどのような思や考えをもったかを話し合う
- 比較するためには視点が必要であることを認識させる
- ベン図を使って，ワニとキュウリを比較する（図12-2）
- うまくできたら，スタンプを押す

このように，適切だと思われるトピックを準備して，シンキングツールの使い方を通して思考スキルの習得をねらうのがミューズ学習である。ただ，学年があがるにしたがって，総合的な学習の内容との関連が強くなっていく。習得から活用の段階に，進んでいく。さらには，5年になると，トピックに即してどのシンキングツールを用いてどのように考えるかを見通して計画するための「計画シート」を導入する。さらには，シンキングツールを選んでつくり出した考えを比較し合って，ツールの選び方や使い方を相互にアドバイスするような授業にも発展する。思考のメタ認知を促す方略である。

12.2.2　ミューズ学習と教科学習

　ミューズ学習を何のために行っているのか。総合的な学習の時間の一部での実践なので，そこで培った考える技をこの時間で活用するというのは当然である。しかし，考える技はユニバーサルで，どのような内容をもってきても使えることが前提である。したがって，教科の学習において考える技を活用することも大事なポイントである。
　開校から数年間は，それぞれの考える技を教科学習にあてはめる研究を行った。例えば，国語の感想文を互いに読み合って，共通点と相違点をベン図に表したりする（図12-3）。このように，ミューズ学習で学んだ技が，そのまま当てはまる場面は，各教科の学習内容の中に見出せる。
　ところが，そうはいかない場合もある。算数の図形の学習で，「比較する」思考スキルに焦点をあてた。正方形，長方形，菱形，平行四辺形，台形，その他の四角形の関係をベン図を使って整理していく。これは本来の集合を表すベン図の使い方である。このように，シンキングツールとして学ぶものが，教科では異なる使い道をもっていたり，教科で考えさせたいことがシンキングツールに当てはまらない場合がある。ミューズ学習は，もともと6つの思考スキルしか対象にしていない。しかし，教科で活用する思考スキルは，実はもっと多い。
　このことを受けて，その後泰山らが整理した教科共通の19の思考スキルを基にして，各教科に特有の思考スキルを見出す研究も行ってきた。例えば，算数では「問いを見出す」，理科では「根拠を明らかに予想する」というような思考

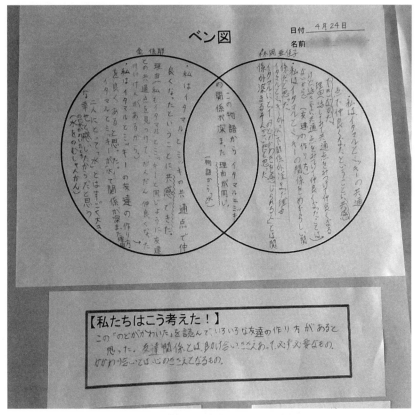

図12-3 感想文の交流にベン図を使う

スキルである。しかし，これですっきりするわけではない。泰山らが示した思考スキルは，もとはといえば学習指導要領に記載されている学習活動で必要となる思考のパターンを整理・統合したものなので，各教科特有のものを特定したとしても，どれかと強く関係したり，複数のものの組み合わせになったりする。

考えてみると，各教科でどのような思考スキルを想定することが「正しいか」はあまり問題ではない。思考スキルを想定することが，授業設計や実践に役立つかが重要である。その意味では，教科特有の思考スキルを考えたり，それと教科共通の思考スキルとの関連を考えたりしながら，授業を組み立てる枠

表12-2 教科共通の思考スキルとその定義（泰山ほか 2012）

思考スキル	定義
多面的にみる	多様な視点や観点にたって対象を見る
変化をとらえる	視点をさだめて前後の違いをとらえる
順序立てる	視点に基づいて対象を並び変える（ママ）
比較する	対象の相違点，共通点を見つける
分類する	属性に従って複数のものをまとまりに分ける
変換する	表現の形式（文・図・絵など）を買える
関係づける	学習事項同士のつながりを示す
関連づける	学習事項と実体験・経験のつながりを示す
理由付ける	意見や判断の理由を示す
見通す	自らの行為の影響を想定し，適切なものを選択する
抽象化する	事例からきまりや包括的な概念をつくる
焦点化する	重点を定め，注目する対象を決める
評価する	視点や観点をもち根拠に基づいて対象への意見をもつ
応用する	既習事項を用いて課題・問題を解決する
構造化する	順序や筋道をもとに部分同士を関係づける
推論する	根拠にもとづいて先や結果を予想する
具体化する	学習事項に対応した具体例を示す
広げてみる	物事についての意味やイメージ等を広げる
要約する	必要な情報に絞って情報を単純・簡単にする

組みをなるべくシンプルにつくることを目的にすべきだろう。

12.3 岡崎市立小豆坂小学校

　2014年の文化の日に，名古屋大学でシンキングツール活用セミナーを実施した。そこに参加したのが，金指由香里校長ほか2名の小豆坂小学校の教師たちだった。セミナー終了後，一緒に食事を取ったとき，学校全体でシンキングツールに取り組みたいという希望を伺った。

　初めて訪問したのは，2015年の6月26日である。このとき，一気に全学年の授業をみることになる。どの授業でもシンキングツールを活用していたが，それと同時に思考スキルも明示されていた（図12-4）。黒板の左端に，思考スキルを書いたマグネットカードが貼り付けてある。思考スキルカードと呼ぶ。それを，授業のめあて（課題）と関連付けて，意識させる。そして，その思考スキルを使うためにシンキングツールを活用する。思考スキルの種類とめあてとの

関連については，シンキングツール活用セミナーで詳しく説明するようにしている。それを，短期間のうちに，具体的に実践に落とし込んであるのには驚いた。さらには，思考スキルが，それを誘発する言葉と対応付けられていた。例えば，「多面的にみる」には「違う方法で見ると」と「立場を変えて見ると」の2つである。思考スキルの意味を，文脈を想定して具体的に考えた結果である。

　シンキングツールは，まず個人やグループで使い，そこで浮かびあがってきた考えの発表を聞いて，教師が要約して黒板に描いた大きなシンキングツールに反映させていく。

　シンキングツールによって大量に生み出されるアイデアを，クラス全体で共有する方法は様々だ。各グループで大きめのシンキングツールをつくって，それを黒板に貼りながらポイントを伝えるというのが一般的ではある。しかし，そこから先につなげるとなると，別の手順が必要になる。その点，発表させながら全体で共有するシンキングツールができあがっていくこのやり方は，その後，そのシンキングツールをもとにクラス全体の新しい考えをつくり出すことに，すぐに向かっていける。

　もう一つ，この学校がつくり出したものがある。「ひらめきタイム」という

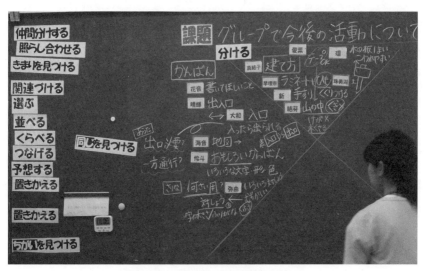

図12-4　小豆坂小学校の思考スキル

思考スキル	思考スキルカード	思考ツール	1年生	2年生	中学年	高学年
比較する 照合する	くらべる 照らし合わせる （同じを見つける） （ちがいを見つける）	ベン図	4	2	1	
		マトリックス（表）				3
		フラワーチャート				1
変化をとらえる	くらべる（前と後で）	BAシート（ビフォー・アフター）			2	3
分類する	分ける （仲間に分ける）	KJ法	6	3		
		X、Y、Wチャート	4	5	3	3
		ベン図		1		
		座標軸（2象限）	4			
		座標軸（4象限）			3	2	1
変換する	置きかえる	座標軸・マトリックス・グラフ			教科	
具体化する	具体化する	該当なし			教科	
見通す	見通す	KWL（知っていること・知りたいこと・学んだこと）			1	
関連付ける	むすびつける 関連づける	コンセプト（概念）マップ			1	
構造化する	つながりをまとめる	なぜなにシート		1		
		相関図（囲み・矢印など）			3	4
抽象化する	きまりを見つける	該当なし			教科	
応用する	応用する	該当なし			教科	
スキル選択						2

図12-5　ひらめきタイムにおけるシンキングツールの学年別活用計画　（紀要：163）

時間である。今では，多くの学校で行われている朝学習を15分間，ここでもやっている。その木曜日と金曜日が，特別にひらめきタイムと呼ばれている。木曜日のこの時間は，その日示されるトピックについて，各自でシンキングツールにアイデアを書き込む。金曜日は，それをグループやクラスで発表しながら，みんなで共有する。このようにして，毎週，シンキングツールへのアイデアの書き方，そこからの考えのつくり出し方を学んでいる。

　初めて訪問したときに，教科学習で初めて出会うシンキングツールをいきなり使うのではなくて，どこかで使い方を学ぶ時間が子どもには必要だという話をした。しかし，これを関大初等部のような形式でやるのは難しい。週の授業数も，総合的な学習の時間の運用形態もちがっているからだ。そこで考案したのが，朝学習での実施である。2回目の訪問が，同年11月18日だったが，その時にはもう，何年生でどのシンキングツールを何度使うか，毎週のひらめきタイムのトピックを何にするか，一覧表になっていた（図12-5，12-6）。

　これらの開発の中心になっていたのが，高須佳子教諭である。総合的な学習

No.	月	思考スキルカード	思考ツール	課題(テーマ)
1	4	広げる	マンダラチャート	新学期にがんばりたいこと
2		評価する	マトリックス	生活(通学団・トイレの使い方)を見直そう。
3	5	並べる	ステップチャート	給食の配膳・掃除の仕方などの手順を確認しよう。
4		多面的にみる 理由・わけ	フィッシュボーン図	運動会を成功させるためには
5		広げる・分ける	ウェビング・Xチャート	小豆坂(岡崎市)の良いところや良さを書きだし仲間に分けよう。
6	6	つながりをまとめる	相関図	野原一家⑤・ドラえもん⑥の登場人物の関係をまとめよう。
7		選ぶ・理由	ピラミッド・CRシート	日本⑤・世界⑥1周旅行を計画しよう。(その1)
28	1	並べる・理由	ランキング・CRシート	おもちの食べ方について。
29		選ぶ	ピラミッド・CRシート	1番の給食献立を選んで決めよう。
30		まとめる	ステップチャート	好きな物語を紹介しよう。
31	2	つながりをまとめる	相関図	白雪姫⑤、かぐや姫⑥の登場人物の関係をまとめる。
32			ツール選択	レクリエーション大会を企画しよう。①
33			ツール活用	レクリエーション大会を企画しよう。②
34	3	評価する 多面的にみる	メリットデメリット⑤ バタフライチャート⑥	スマートホンは、小学生⑤ 中学生⑥に必要か。
35		比べる	BAシート	1年間の成長を振り返る。

図12-6　ひらめきタイムのトピック一覧（紀要：164-168）

の時間を中心として，毎時間の学習がシンキングツールによって黒板に構造化される。それが元になって，次の授業がつくられる。毎時の黒板は写真を撮って，教室のまわりに掲示される。いつでも，かつて話し合った時点に戻ることができる。この授業の方法，記録の仕方，その背景にある年間計画とひらめきタイムのプログラム，これらを飄々とつくりあげる構成力には，頭が下がる。

12.4　福山市立鷹取中学校

　福山市立鷹取中学校は，2017年度から2年間，国立教育政策研究所から「論理的思考力」の研究指定を受けた。論理的思考を基盤として，課題発見・解決をめざす。論理的思考は，他者の考えを根拠に注意して聞くことと，自分の考えを筋道立てて説明することの両面から定義されている。そして，それをサポートする道具立ての一つがシンキングツールである。「対話による自分の考えの深化・拡充」を目的として，シンキングツールが活用される。さらに，ふり

かえりのために，ルーブリックが示される。

　田丸誠校長および平井菜穂子教務主任から連絡があって，はじめて訪問したのは，2017年の6月9日である。その段階では，どのようにシンキングツールを活用してよいか分からないという教員がかなり多かった。シンキングツールと思考スキルについての研修を実施した。その夏になると，思考スキルとシンキングツールの対応表がつくられていた。シンキングツールの活用を目的として授業を行ってはいけないことも共通に認識されていた。そして，年末に再度訪問したときには，生徒は福山ガイドツアーを市の観光課にプレゼンする準備をしていた。

　学習を重ねてわかってきた福山の長所・短所をもとに，PMIを使って改善案を考案していく。その中で，福山らしさを生み出す要因の分析の際に，クラゲチャートが自発的に利用されている（図12-7）。このような急速な浸透の背景は，音楽や体育などの教科でも，シンキングツールを使う場面を設定して，気づきを言葉にすることに心がける一方で，思考スキルやシンキングツールがいつでも使える道具として掲示されていることがあるだろう。

　2018年度からの新しい方向性は，4つある。一つ目は，鷹取中学校授業スタイルの策定である。教科の授業をより探究的にするため，すべての学習におい

図12-7　クラゲチャートの利用

て「課題設定→情報収集→情報の整理・分析→まとめ・表現→ふり返り」の探究のプロセスを取り入れようとしている。課題設定はさらに,「前時のふり返り→めあての提示→個人課題の設定→全体課題の設定→ルーブリックの設定」からなる。毎時,生徒とともにルーブリックを決めることによって各自が明確な目標をもち,自分で情報を取り出して整理・分析する。整理・分析では,シンキングツールが使われる。そして,その成果をクラスで共有する。このようなスタイルに移行すると,「教師が暇になる」という。それが何より重要で,教えない時間に,生徒の様子を把握して,どのように考えをファシリテートするかを設計する大事な仕事をすることになる。

　2つめは,小豆坂小学校のひらめきタイムのような学習を取り入れたことである。「思考ツールタイム」と呼び,金曜日の朝10分間をそれにあてる。季節や行事に関連したトピックが選ばれる。それが,「思考ツール集会」につながっていく。全校集会である。生徒は5名程度の縦割りグループになり,3年生が全体に対して考える課題を提示する。防災,友だち関係,夏休みの過ごし方などがトピックとなる。

　3つめは,「学びに向かう力」のルーブリックである。学びに向かう力をメタ認知ととらえ,学習のふり返り時に,どのようにその日の学習をふり返るか,ふり返りをもとにどう改善するか,学習内容をどう他の事柄と関連付けるか,という視点を共有することで,メタ認知を促す試みである。「学びの足跡ルーブリック」という。表12-3がそれだが,これをもとに,各教科で具体化されている。社会科のＳ基準は,

- わかったこと／わからなかったことが具体的（習った用語がある）
- 理由が明白
- 次どうしていくかが具体的

というような具体である。

　ルーブリック自体は,シンキングツールとダイレクトにつながってはいないが,自分がどのように学び,どのように考えたかを基にしてふり返りが行われる。それが,次の学習につながっていく。実は,相即不離な関係である。

　4つめに,シンキングツールを印刷した下敷きを作成して,全員に配布した

表12-3 学びの足跡ルーブリック（各教科共通）

S	A	B
①「めあて」や「課題」に即して，わかったこと（できたこと），わからなかったこと（できなかったこと）について具体的に書いている。 ②全体構成を「結論先行」「根拠付け」で書いている。 ③工夫した点やできなかった理由，対策や改善点について書いている。 ④次回の授業 or 他教科 or 実生活と関連した内容を書いている	①＋②〜④のうち２つ	①＋②〜④のうち１つ

ことである．常に，シンキングツールを一覧できるようにする試みである．出典は，拙著『シンキングツール〜考えることを教えたい』である．これには恐縮した．

12.5　学習プログラムを創るプレイヤー

　これまでに見たどの学校も，目立った教員だけがシンキングツールを使うわけではない．彼らの実践は常に指針となるが，学校全体として，いつごろどのようにシンキングツールに出会わせ，活用を進めていくかについてのプログラムを策定することは重要である．

　シンキングツールを活用するたびに，その使い方を教える時間をとるのは無駄である．どこかで基本となる使い方を学んで，それを様々な教科内容に応用することが重要である．これを実現するためには，学校全体として，シンキングツールについての学習プログラムをつくるのが望ましい．

　関大初等部では，それを年間12時間，総合的な学習の時間の中に設定した．それを踏襲する学校も出てきている．一方，小豆坂小学校は，週２回，朝学習でこれを行う学習プログラムを考案した．鷹取中学校は，その運営を生徒が行うようにした．

　いずれにしても，子どもが学校に通う期間を通して，同じ要領でシンキングツールを使うための土台を学習プログラムの形でつくり，それに乗っ取った授

業研究を展開することが重要だと思う。

このような実践の背景には，共通してそれを可能にした3種類の立場がある。彼らの存在が共鳴するとき，学校全体の学習プログラムが生まれ，それがしっかり運営されていく。シンキングツールにかかわらず，だろう。

12.5.1 校　　長

校長の姿勢はとても重要である。仙台市立愛子小学校では，2014年に成田忠雄校長の号令一下，学校研究テーマをシンキングツールに設定した。その年度は，シンキングツールを活用した授業の研究公開を盛んに行い，その都度，活用方法の研修も実施した。工夫をこらした授業が，様々に生まれた。授業者は，様々なセミナーで講師として招聘された。

しかし，校長が替わることで，研究テーマが別のものに変わる。授業でシンキングツールを活用することを後押しする環境が失われた。年度ごとに一定数教員も入れ替わる。新しく入った教員が，シンキングツールを学ぶ機会もつくられなかった。このことによって，シンキングツールの活用は，個人の裁量に任されることになる。

もちろん，学校研究自体が衰退する訳ではない。シンキングツールの代わりに，算数の研究校として，レベルの高い研究が行われたのである。

先にも書いたが，関西初等部の場合は，田中校長が一貫して「思考力育成」を主張し，研究主任の選定も含めて，それを後押ししてきた。小豆坂小学校の金指校長は，自らシンキングツールのセミナーに参加し，直接筆者にコンタクトをとり，はじめての訪問の時から様々な質問を重ねてきた。鷹取中学校の田丸誠校長は，たいへん静かに研究主任の働きを見守っているが，そもそも研究主任が自由に研究を方向づけることができるような土壌を形成している。シンキングツールについての理解も，大変深い。

12.5.2 研究のコントロールタワー

関大初等部の三宅教諭も，開校当時から研究主任を務めた。ミューズ学習だけでなく，教科の授業運営においても，アイデア豊富な構想を立てて学校研究

を引っ張り，授業研究では，子供の実態をもとにした鋭い質問をし続けた。研究主任としてこだわり続けたことが，年間の授業研究の運営と，それをもとにした書籍の作成である。毎年2月の第一土曜日に行われる公開研究発表会は，初年度から千人近くの参会者を集める。そこで，その年度に実施した研究授業の成果を書籍にして販売するのである。その中では，常に，ミューズ学習のコンセプトを説明し，その教科における活用について，実際の授業に即して詳しく説明した。これらの書籍は，シンキングツールの実際を学びたい全国の教師に，読まれ続けている。

　鷹取中学校の平山教務主任は，自らのアイデアをもとに，次々に枠組みを作ってきた。小豆坂の研究紀要を参考にしながらではあるが，それを発展させ，中学校ならではの「思考ツール集会」を考案した。そして，中学校の授業で，生徒とともにつくるルーブリックを導入した。さらに，それを「学びに向かう力」に広げた。この資質・能力について，はっきり目標化する手立て，さらには評価につなげる手立てを打ち出している学校は，多くはない。

12.5.3　傑出した実践者

　シンキングツールの使い方について，直感的に納得する教員がいるのはまちがいない。こういう教員たちが，各学校で率先して使い始めることで，普及することは多い。そして，彼らが考案した活用方法が，他の教員に広がっていく。

　三宅教諭と塩谷教諭は，子どもが熱中するしかけとコンテンツをつくるのに長けていた。シンキングツールを，各学年の状態を考え，実施時期の出来事に取材して，実生活の文脈とうまくつなげたプログラムをつくった。それもあって，ミューズ学習は二人で担当することが長く続いた。全ての教員がミューズ学習を担当するように変わっていったのは，彼女らが学校を去ってからである。

　小豆坂小学校の高須教諭は，全員の発言をとらえることにおいて，素晴らしい。教室には，子どもの名前を書いた札が2枚ずつ用意されていて，次々に述べられる考えを要約して高速で黒板に書き，名札とともに貼っていく黒板には，その日使うシンキングツールが，大きく描かれている。シンキングツールによって，各自の考えがみるみる整理されていく。そして，クラスの次の行動が生

み出される。このやり方は，他の教員にも踏襲されて，彼女が学校を去ってからも続けられている。

　最後に，いくつかの学校で聞いたことを付記しておきたい。中学校では，専門教科が，授業研究における共通理解の壁になることがある。しかし，シンキングツールを組織的に活用することによって，その壁が低くなるというのである。どの教科の授業をみても，どこでどのような思考に焦点をあてたか，シンキングツールを使うことでそれがどのようにファシリテートできたかという視点に立って考えることができる。そのことによって，職員室での会話する増えるというのである。

　小，中にかかわらず，シンキングツールを活用し始めると，まもなく子供たちがよく話すようになるという。話す前に，その内容を項目的に一覧できるようにしてあるので，そこから必要なものを取り出して話せば良い。どのような思考に焦点をあてるかも絞り込まれているので，話の方向性を決めやすい。当然と言えば，当然である。

　いずれも，何よりな逸話だ。しかし，これを学問的に裏付けるのは，かなり難しい。発言の回数などを測定しても，意味はなさそうだ。

注
（1）　この定義については，以下のような意が含まれていることを付記しておきたい。思考スキルは，考えを生み出すスキルであるが，それは必ずしも意識されるものではない。「考える場面」において，アクセスできる情報を自在に使って考えを組み立てて表明することができる「考えるのが上手な子ども：good thinker」がいる。彼らは，その場で必要とされる思考のパターンを読み取って，必要とされるように情報を処理し，考えを組み立てる。その手順をパターンに分けて（good thinker が行うほど柔軟な手順ではないにしても）明示することで，より多くの子どもを類似した結果を生み出せるでように，トレーニングすることはできる。トレーニングによって，様々な状況に合わせて手順を使いこなす運用技法が身につく。そのような考えが背景となって，この定義となっている。
（2）　「思考力育成」というワードはよく使われる。一般的な意味としては，わか

りやすい。しかし，実際にはどのようなことを意味するのか考えるためには，思考力とは何かを検討する必要がある。ところが，これが難しい。そもそも，人間は日常的にものを考えている。そういう意味では「思考力」はすべての人に備わっている。通常，このワードを使うのは，特定の「思考」に焦点をあてて，それを高めるという意味だろう。例えば，論理的思考力，批判的思考力，創造的思考力などである。シンキングツールの前提は，思考力をいくつかの思考スキルから見る。中には，上記3種類のものも含まれる。そしてその手順をトレーニングする。そして，この手順をマスターさせる。そして，活用する場面を重ねて，よりよく使えるようにする。これが育成のイメージである。したがって，「思考スキルの育成」という方がしっくりくる。

引用・参考文献

岡崎市立小豆坂小学校（2015）「平27年度 研究のまとめ 地域と共に，未来を創る小豆坂の子の育成から思考スキル・ツールを活かした，小豆坂カリキュラムデザインの探究～」．

関西大学初等部（2012）『関西初等部式思考力育成法』さくら社．

黒上晴夫・小島亜華里・泰山裕（2012）「小学校学習指導要領およびその解説で想定される思考スキルの系統に関する研究（1）」『日本教育工学会研究報告集』JET12(1)：255-262．

黒上晴夫・小島亜華里・泰山裕「シンキングツール～考えることを教えたい～」NPO法人学習創造フォーラム．

資料

授業研究に関する主要書籍

深見俊崇

　本パートでは，授業研究に関する主要書籍を紹介する。日本においてこれまで授業研究に関する書籍は多数出版されているが，2018年6月時点で出版社や書店等で入手可能なものに限定している。

　なお，日本教育工学会監修の教育工学選書（◆）に関しては出版社や書店等の在庫がない状態であるが，日本教育工学会で購入が可能である。
　(http://www.jset.gr.jp/jset_books/　問い合わせ：office@jset.gr.jp)

- 秋田喜代美（編）(2016)『学びとカリキュラム（岩波講座 教育 変革への展望 第5巻）』岩波書店．

　本書は，21世紀型のカリキュラムと学びがいかなる現実的な課題から生じ，いかなる研究と実践を基盤として，いかになる発展を遂げているかを「学びのデザイン」と「カリキュラムの系譜と展開」の観点で構成された論集である。授業研究に関連するものとしては，「学びをめぐる理論的視座の転換」，「教室のコミュニケーションから見る授業変革」，「授業づくりにおける教師の学び」が挙げられる。

- 秋田喜代美・キャサリン・ルイス（編）(2008)『授業の研究　教師の学習──レッスンスタディへのいざない』明石書店．

　アメリカにおけるレッスンスタディの動向，授業研究を通した教師の対話と学びとしての授業検討会での事例検討，また教師の学習システム開発・コミュニティとして授業研究を継続的に展開している事例等，研究知見に裏付けられた論が展開されている。

・秋田喜代美・藤江康彦（2010）『授業研究と学習過程』放送大学教材．

　本書の前半では，学習過程，概念理解や問題解決の過程等，学習理論に関する理論的背景を，本書の後半では，授業研究の方法，授業研究による教師の学習過程等を学ぶことができる。

・秋田喜代美・坂本篤史（2015）『学校教育と学習の心理学』岩波書店．

　本書は，子どもの学習や発達，教師の学習や熟達に関する諸研究を整理したテキストである。「問題解決の過程」，「仲間との協働学習と学習活動」，「学習方略と学習習慣の形成」，「学習過程と学力の評価と支援」，「授業と学習環境のデザイン」，「教師の学習過程」，「学び合うコミュニティの形成」，「授業における学習過程の研究方法」が授業研究に関連したものである。

・秋田喜代美・恒吉僚子・佐藤学（編）（2005）『教育研究のメソドロジー――学校参加型マインドへのいざない』東京大学出版会．

　第Ⅰ部「教育の"場"へのいざない」では，教育研究に携わる研究者がそれぞれの研究スタンスやフィールドとの関与の仕方についてエピソードを交えながら解説している。それらは，授業研究に携わる者がいかなる立場で現場と関わるかを検討するヒントになるものである。

　第Ⅱ部「教育の"場"研究の系譜と技法」では，授業研究に関わる「質的調査と学校参加型マインド」，「授業のディスコース分析」，「学校でのアクション・リサーチ」について学ぶことができる。

・浅田匡・生田孝至・藤岡完治（編）（1998）『成長する教師――教師学への誘い』金子書房．

　全6部20章で構成されており，「教師の授業力量形成」に関する研究の全体像を俯瞰することができる。特に，第1部「授業の力量をつける」，第2部「授業がみえる」，第3部「自分の授業から学ぶ」は，授業研究と教師研究に焦点化されている。

- Bransford, J. D., Brown, A. L., and Cocking, R. R. (ed) (2000) *How People Learn: Brain, Mind, Experience, and School: Expanded Edition.* Washington, D. C.: National Academy Press.（森敏昭・秋田喜代美（監訳）（2002）『授業を変える――認知心理学のさらなる挑戦』北大路書房.）

「人はいかに学ぶか」とのテーマで，学習科学を基盤とした研究並びに実践がまとめられたものである。第3部「教師と授業」の「学習環境」，「教授法」，「教師と授業」，「情報教育」が授業研究と関連しており，歴史・数学・理科に関する授業の検討や教師の学習機会としての学習共同体が紹介されている。

- Bruer, J. T. (1993) *Schools for Thought: A Science of Learning in the Classroom.* The MIT Press（松田文子・森敏昭（監訳）（1997）『授業が変わる――認知心理学と教育実践が手を結ぶとき』北大路書房.）

学習科学や認知科学を基盤にした算数・数学教育，理科教育，読解・作文教育における学習者の認知や理解のプロセス等を学ぶことができ，授業研究に関する基礎的な知見を得ることができる。

- City, E. A., Elmore, R. F., Fiarman, S. E., and Teitel, L. (2009) *Instructional Rounds in Education: A Network Approach to Improving Teaching and Learning.* Harvard Education Press（八尾坂修（監訳）（2015）『教育における指導ラウンド――ハーバードのチャレンジ』風間書房.）

「指導ラウンド（Instructional Rounds）」とは，医師の回診（メディカルラウンド）にヒントを得て開発されたものであり，学区内の学校が順番に学校の代表者が授業観察を行い，組織改善につなげていくアプローチである。授業研究の新たな方法論として今後さらなる検討がなされるべきものである。

- Darling-Hammond, L., and George Lucas Educational Foundation (2008) *Powerful Learning: What We Know about Teaching for Understanding.* San Francisco, CA: Jossey-Bass.（深見俊崇（監訳）（2017）『パワフル・ラーニング――社会に開かれた学びと理解をつくる』北大路書房.）

学習科学や認知科学の研究を基盤に，PBL等の探究ベースの学習アプローチや読解，算数・数学，理科の授業デザインに関する理論と実践がまとめられている。本書の第3章と第5章では，専門職共同体を生み出すためのレッスンスタディの可能性について言及されている。また，本書に紹介された事例に関するEdutopiaの動画が紹介されていることから，日本と米国との授業，学習活動，学習環境の差異についても比較することもできる。

- グループ・ディダクティカ（編）（2012）『教師になること，教師であり続けること——困難の中の希望』勁草書房.

 本書は，教師に関する国内外の政策動向を記述しつつ，昨今の状況そのものを相対化し，新たな視点を提示することをめざしたものである。授業研究に関する内容としては，「『若手教師』の成長を支えるもの」，「同僚に学びながら教師になっていく」，「中堅期からの飛躍」，「教師はどのようにして生徒の学びが〈みえる〉ようになっていくのか」が挙げられる。

- 原田信之（編）（2018）『カリキュラム・マネジメントと授業の質保証——各国の事例の比較から』北大路書房.

 本書は，カリキュラム・マネジメントの視点から日本・アメリカ・イギリス・ドイツ・フランス・フィンランド・香港・シンガポールの8か国において，授業の質向上のためにいかなる改革が行われてきたのかを概説したものである。授業研究については，日本に加えて香港とシンガポールの事例から確認できる。

- Hargreaves, A.（2003）*Teaching in the Knowledge Society: Education in the Age of Insecurity.* Teacher College Press（木村優・篠原岳司・秋田喜代美（監訳）（2015）『知識社会の学校と教師——不安定な時代における教育』金子書房.）

 授業研究を直接的に扱ったものではないが，様々な難題に直面する教師たちが専門職として学び合うコミュニティにどのような条件が求められるのかを考えるための視座を得ることができる。

- 橋本吉彦・池田敏和・坪田耕三（2003）『今，なぜ授業研究か──算数授業の再構成』東洋館出版社.

　本書は，算数科の授業研究に焦点化されたものである。授業研究の現状と課題や，国内外で取り組まれた算数科の授業研究会の実際を学ぶことができる。

- 姫野完治（2013）『学び続ける教師の養成──成長観の変容とライフヒストリー』大阪大学出版会.

　本書の中心は，教育実習における成長・発達，教職志望学生のライフヒストリーに関する内容であるが，第1章では授業研究の歴史的変遷や校内授業研究についてまとめられている。

- 今津孝次郎（2017）『新版 変動社会の教師教育』名古屋大学出版会.

　本書は，国内外の政策動向や研究動向を踏まえながら教師教育について幅広く論じたものである。学校組織文化や組織学習に関する部分に授業研究の内容が触れられているだけでなく，「教師教育研究の方法」で「世界の教師教育に寄与する日本の『レッスンスタディ』」が紹介されている。

- 稲垣忠彦・佐藤学（1996）『授業研究入門』岩波書店.

　本書のタイトル通り，授業研究の課題と様式や授業研究の歴史的変遷等，授業研究の入門書として必要な情報が盛り込まれている。また，熟練教師の「実践的思考様式」の特徴，「技術的実践の授業分析」と「反省的実践の授業研究」との対比，事例研究に基づく「授業カンファレンス」の提案等，現在でも有用な知見が紹介されている。

- 鹿毛雅治・藤本和久（編）（2017）『「授業研究」を創る──教師が学びあう学校を実現するために』教育出版.

　授業研究に携わってきた執筆陣が，授業研究を捉え直し，形骸化する授業研究から教師が学びあう場とするにはいかなる改善がなされるべきかについて具体的な事例を挙げながら提案したものである。

- 木原成一郎（2011）『教師教育の改革——教員養成における体育授業の日英比較』創文企画.

　本書には，英国と日本での体育科の教員養成・現職教育について教育改革の動向や実践事例等が所収されている。英国における職能発達の取り組みに「レッスンスタディ」が組み込まれていることや体育科の授業の交流を行う「反省的共同体」が形成されていることがわかる。

- 木原俊行（2004）『授業研究と教師の成長』日本文教出版.

　初任・中堅・ベテラン教師の授業力量形成過程の実相，授業力量の形成に資する校内研究やカリキュラム開発における教師の学びに関する事例研究も踏まえて，教師の授業力量形成モデルが論じられている。

- 木原俊行・寺嶋浩介・島田希（編）（2016）『教育工学的アプローチによる教師教育——学び続ける教師を育てる・支える』ミネルヴァ書房. ◆

　授業研究の基盤となる教師教育と教育工学との接点，教師の力量概念に関する理論的動向，教師の力量形成に関する理論的動向について学ぶことができる。また，オンライン授業研究のシステム開発に関する事例も紹介されている。

- 木村優（2015）『情動的実践としての教師の専門性——教師が授業中に経験し表出する情動の探究』風間書房.

　授業における教師の情動の生起とその背景，快／不快の情動からもたらされる省察や変容，情動がもたらす教師の自律的な専門性開発等，教師の情動を中心に授業研究を再検討することの可能性を探究できる。

- Korthagen, F. A. J., Kessels, J., Koster, B., Lagerwerf, B. and Wubbels, T. (2001) *Linking practice and theory: The pedagogy of realistic teacher education.* Mahwah: Lawrence（武田信子（監訳）（2010）『教師教育学——理論と実践をつなぐリアリスティック・アプローチ』学文社.）

　本書は，教師教育における課題を解決するための「リアリスティック・アプ

ローチ」について論じられたものである．特に ALACT モデルは，授業研究を含め，日本においても様々な形で近年大きな影響を与えつつある．

- 丸山範高（2014）『教師の学習を見据えた国語科授業実践知研究——経験に学ぶ国語科教師たちの実践事例からのアプローチ』渓水社．
  国語科教師の授業実践知の獲得について，初任教師と熟練教師の比較，研究授業の経験，実践でのつまずきの解消をテーマにそのプロセスや特徴が明らかにされている．

- 水越敏行・吉崎静夫・木原俊行・田口真奈（2012）『授業研究と教育工学』ミネルヴァ書房．◆
  「授業研究」をキーワードに，教育工学領域における研究の系譜，教師の成長，メディア教育，学校改革，大学教育改革，日本の授業研究の実態，世界的な動向と幅広いテーマが網羅されている．

- 永岡慶三・植野真臣・山内祐平（編）（2012）『教育工学における学習評価』ミネルヴァ書房．◆
  本書は，教育工学における学習評価研究の最新事情と動向を紹介したものである．授業研究に関するものとしては，第4章「学習評価の多様性」に「授業研究と評価」と「質的研究と評価」が所収されている．

- National Association for the Study of Educational Methods (ed.) (2013) *Lesson Study in Japan.* Keisuisha
  本書は，日本における授業研究の歴史的変遷や教科における授業研究，教員養成や現職教育等を海外向けに英語で紹介したものである．国際的な文脈で日本における授業研究の独自性を検討するにあって参考となるものである．

- 日本教育方法学会（編）（2014）『授業研究と校内研修——教師の成長と学校づくりのために』図書文化．

校内研修を中心とした「授業研究と教師の成長」，学びの共同体やカリキュラム改善・学校改善から見た「授業研究と学校づくり」，そして「授業研究のグローバル化とローカル化」について学ぶことができる。

- 日本教師教育学会（編）（2017）『教師教育研究ハンドブック』学文社.

日本教師教育学会設立25周年・戦後教育70年にあたって日本の教師教育に関する研究・実践を総括し，課題を抽出するねらいで出版されたハンドブックである。授業研究に関わるものとしては，「アクション・リサーチ」，「教育工学研究」，「養成教育」，「現職教育」，「校内研修の改革」が所収されている。

- 西之園晴夫・生田孝至・小柳和喜雄（編）（2012）『教育工学における教育実践研究』ミネルヴァ書房. ◆

本書は，「教育工学における教育実践研究」をテーマとしたものであり，授業研究に関するものが大半を占めている。第Ⅰ部「自らの教育実践を研究する」では「大学院における実践研究」と「授業リフレクション」，第Ⅱ部「他者の教育実践を研究する」では「授業設計・授業分析」と「教師の自己成長を促進する研究」，そして第Ⅲ部「実践者と研究者が協働で職能開発を研究する」では「異校種連携・家庭と学校との連携」，「現職教育」，「教師教育」が授業研究と関連するものである。

- 野嶋栄一郎（編）（2002）『教育実践を記述する──教えること・学ぶことの技法』金子書房.

本書は，教育実践研究に関して，特に「測定」を中心に関する研究成果をまとめたものである。授業研究に関連するものとして，「オープン教育と学習活動の測定」，「教授学習活動における『時間』の意味を考える」，「オン・ゴーイングによる授業過程の分析」，「参加観察と物語ることを取り入れた教員研修」が挙げられる。

- 大島純・益川弘如（編）（2016）『学びのデザイン──学習科学』ミネルヴァ

書房. ◆

　本書は，学習科学の研究動向や理論的進展，国内における学習科学実践をまとめたものである。授業研究の理論に関わるものとして，海外における「学びの共同体プロジェクト学習」や「知識構築共同体プロジェクト」の先行研究，授業設計のアプローチとして「前向きアプローチ（目標創出型）」が挙げられる。また，国内における実践例については，「教職大学院を中心とした拠点形成」「協調学習理論に基づく授業設計」「理科授業観の変化を促す理科教育法の授業設計」「実践と省察のサイクルを支える教員研修体系とネットワーク」が授業研究と関連している。

・大山牧子（2018）『大学教育における教員の省察──持続可能な教授活動改善の理論』ナカニシヤ出版.

　本書は，大学教育において授業を持続的に改善するための省察の手立てについて理論・実践両面から教育工学的にアプローチしたものである。第Ⅱ部のケーススタディでは，学生からの情報，同僚からの情報，学生・同僚・自分の関係性に基づいた授業に関する省察が示されているが，これらは大学教育における授業研究であると捉えられる。

・小柳和喜雄・柴田好章（編）（2017）『Lesson Study（レッスンスタディ）』ミネルヴァ書房. ◆

　レッスンスタディの系譜と動向が押さえられた上で，英国・北欧・カナダ・米国・中国・シンガポール・オーストラリアと7つの国・地域におけるレッスンスタディの具体的な内容や取り組みについて学ぶことができる。

・坂本篤史（2013）『協同的な省察場面を通した教師の学習過程──小学校における授業研究事後協議会の検討』風間書房.

　授業協議会を通しての教師の学習，授業研究から得られる教師の視点の変化や実践的知識について実証的にアプローチした研究書である。発話のカテゴリー分析，M-GTA，質問紙法等，複数の分析手法を用いていることも特色であ

る。

- 坂元昂・岡本敏雄・永野和男（編）(2012)『教育工学とはどんな学問か』ミネルヴァ書房. ◆

　本書の第1章「教育工学の歴史と研究対象」, 第2章「研究の方法論としての教育工学」から, 教育工学研究の発展の中で授業研究が重要な位置を占めてきたことが確認できる。また, 第3章「近接領域から見た教育工学」の「教育学から見た教育工学」「工学, 技術学, 技術そして実践からみた教育工学」に授業研究に関する内容が紹介されている。

- 佐藤学 (1996)『教育方法学』岩波書店.

　本書は, 授業と学習, 教室のコミュニケーション, カリキュラム, 教師の役割, コンピュータと教育等を焦点として, 国内外の研究知見を踏まえつつ方向性と課題を提示したものである。授業研究に関連するのは,「日本の授業と授業研究」,「授業のパラダイム転換」,「授業と学習」,「教室の会話」,「教職の専門性とは何か」の章である。

- 佐藤学 (2015)『専門家として教師を育てる――教師教育改革のグランドデザイン』岩波書店.

　「教える専門家から学びの専門家へ」をテーマに教師教育のカリキュラム改革としてケース・メソッドによる授業研究を提案している。また, 専門家の学びの共同体としての学校となるための校内研修の改革等についても提案がなされている。

- 佐藤学（編）(2016)『学びの専門家としての教師（岩波講座 教育 変革への展望 第4巻）』岩波書店.

　本書は,「学びの専門家としての教師」を実現するために,「教師像の再検討」そして「教師をとりまく問題群」から再検討を図ることを目的とした論集である。戦前から近年に至る授業研究や授業記録を扱った「教師の教育研究の

歴史的位相」，日本の授業研究に関する「アメリカの研究者の視点から捉えた日本の教師文化」，授業研究を中心とした「専門家共同体」の重要性を指摘した「教師の経験世界」が特に授業研究に関連したものとして挙げられる。

- 澤本和子・授業リフレクション研究会（編）（2016）『国語科授業研究の展開――教師と子どもの協同的授業リフレクション研究』東洋館出版社．

　本書では，デューイを基盤とする授業リフレクションについての理論的説明を踏まえた上で，自己リフレクション・対話的リフレクション・集団リフレクションの方法が提示されている。そして，授業リフレクションを通しての校内研究の変化，教師の成長や視点の深まりを事例からより深く理解できる。

- 清水康敬・中山実・向後千春（編）（2012）『教育工学研究の方法』ミネルヴァ書房．◆

　本書は，教育工学における研究方法を体系的に紹介することを目的としたものである。第Ⅰ部「総論：教育工学における研究方法」では，教育工学における方法論の一領域として授業研究の位置づけを確認できる。その他，「測定の方法」，「質的調査法」，「教授法の開発に関する研究方法」，「デザイン研究・デザイン実験の方法」に授業研究に関連する内容が盛り込まれている。

- 高垣マユミ（編）（2005）『授業デザインの最前線――理論と実践をつなぐ知のコラボレーション』北大路書房．

　授業研究の新しい視点として，分散認知や拡張による学習，社会的相互作用が提示されている。また，学習者を理解するための理論枠組みとしてのプリコンセプションや適正処遇交互作用，授業の動的過程を捉える手法としての談話分析等心理学を基盤としたアプローチについて学ぶことができる。

- 高垣マユミ（編）（2010）『授業デザインの最前線Ⅱ――理論と実践を創造する知のプロセス』北大路書房．

　前掲の『授業デザインの最前線』と同様に，動機づけやメタ認知等心理学を

基盤としたアプローチが数多く取り上げられている。授業研究の具体的なアプローチとして，教室談話研究から授業の問題を明らかにし，コンサルテーションを行う事例も紹介されている。

- 体育授業研究会（編）(2015)『よい体育授業を求めて――全国からの発信と交流』大修館書店.
「体育授業研究会」は，体育授業実践者と大学研究者が授業づくりの共同研究を行っている研究会である。本書は，専門職共同体，アクション・リサーチ，授業研究の手法等から体育科の授業研究を検討するものであり，フラッグフットボールやゴール型ゲーム等の実践事例も多く収録されている。

- 田中耕治（編）(2017)『戦後日本教育方法論史（上）――カリキュラムと授業をめぐる理論的系譜』ミネルヴァ書房.
本書は，戦後初期から現在までの教育実践研究・教育方法研究の成果を概観するものである。総論としての「戦後日本教育方法論の史的展開」では斉藤喜博の授業研究から「全国授業研究協議会」の結成，「法則化運動」や「授業づくりネットワーク運動」，そして「学びの共同体」につながる一連の流れを捉えることができる。その他，授業研究に直接関連するものとしては，「授業の本質と教授学」，「授業記録の歴史をひもとく」，「授業研究と教師としての発達」が挙げられる。

- 吉田達弘・玉井健・横溝紳一郎・今井裕之・柳瀬陽介（編）(2009)『リフレクティブな英語教育をめざして――教師の語りが拓く授業研究』ひつじ書房.
中学校・高等学校の現職教員が中心となって授業研究としてアクション・リサーチやリフレクティブ・プラクティスに取り組んだ成果と課題が示された論集である。

- 吉崎静夫・蔵谷範子・末永弥生（2017）『授業が変わる！学びが深まる！看護教員のための授業研究』医学書院.

第1部では，授業研究の4つの柱（授業設計・授業実施・授業評価・授業改善）を基盤に授業研究の手順や方法が紹介されている。そして，第2部では，看護教員が実際に取り組んだ授業研究の実践報告からそれらを具体的に学ぶことができる。

- 吉崎静夫・村川雅弘（編）(2016)『教育実践論文としての教育工学研究のまとめ方』ミネルヴァ書房. ◆
　本書は，日本教育工学会論文賞を受賞した論文の中から，教育実践研究に相応しい論文を選び，その執筆者が論文化にあたって「強調したかったこと」「留意したこと」「苦労したこと」を今後の参考とするために編集されたものである。
　「教育工学としての教育実践研究の特徴と論文のまとめ方」には，実践研究のⅠ～Ⅳの分類や授業研究と関連する要因との関連図が示されており，今後の研究の方向性を押さえることができる。また，授業研究に関連するものとして，「大学の授業設計研究と論文のまとめ方」，「教師の自己リフレクション研究と論文のまとめ方」，そして「教育工学的な考え方を実践研究にどう反映させるか」が挙げられる。

おわりに

　本書は，私（吉崎）が大阪大学教育技術学講座に助手として勤務しているときに院生や学部生であった研究者，同講座で学んだ研究者，日本教育工学会などで知り合った研究者がそれぞれの研究成果をふまえて，「授業研究のフロンティア」に挑んだものである。そして，それぞれの研究者に共通している願いは，教育実践（特に，小・中・高校や大学の授業）に真摯に取り組んでいる教師（教員）を支援したいということである。

　そこで，本書の第1章において，私は「授業研究の目的」として次の4つを提示した。各執筆者は，これらの目的を考慮しながら，自らの授業研究について述べている。

　第1は，「授業改善のために」ということである。このことは，すべての章と資料編で述べられている。というのも，この目的は授業研究のベースだからである。

　第2は，「カリキュラム開発のために」ということである。このことは，第9章から第12章で述べられている。

　第3は，「教師の授業力量形成のために」ということである。このことは，第4章から第8章で述べられている。

　第4は，「授業についての学問的研究の進展のために」ということである。このことは，第1章から第3章，そして資料編で述べられている。

　最後に，私の授業研究法について述べたい。

　私が約40年間にわたって行ってきた授業研究は，次の3名の先生方から指導・助言をうけるなかで学んだ研究法を基盤としている。

　まず私は，九州大学大学院で三隅二不二先生（元九州大学教授，大阪大学名誉教授）の指導をうけた。「教師や校長のリーダーシップに関する研究」を行うなかで，三隅先生から行動科学的研究法とアクション・リサーチ（実践研究）の方法を学んだ。

次に私は，大阪大学人間科学部教育技術学講座の助手に採用されて，学生指導や講座のプロジェクト研究の手伝いをするとともに，授業研究に本格的に取り組みはじめた。その際，上司である水越敏行先生（大阪大学名誉教授）は，授業研究のABCから最先端までを私に教えてくれた。特に，教育工学的研究法を先生から学んだ。その水越先生が，今年の元旦に死去された。本書の執筆者の多くが，水越門下生であり，「現場第一主義」を先生の研究姿勢から学んでいる。本書を，水越先生のご仏前に添えていただければ幸いである。

　さらに，新構想の国立教育大学の1つである鳴門教育大学に勤務しているときに，文部省在外研究員としてUCLA（カリフォルニア大学ロサンゼルス校）に留学する貴重な機会をえた。そこで，教師の認知研究のパイオニアであるシェイベルソン先生（元UCLA教授，元AERA会長）から認知科学的研究法を学んだ。

　このように，それぞれの時期に，一流の学者である3名の先生方から研究法を学んだことは，私にとってとても幸運なことであった。

監修者　吉崎　静夫

人名索引

ア行
生田孝至　4
ウェンガー（Wenger, E.）　57
大村はま　13

カ行
加藤幸次　37
木村敏　34
ケリー（Kelly, G. A.）　42

サ行
斎藤喜博　12
坂元　81
シュルマン（Shulman, L. S.）　70, 74
ショーン（Schön, D. A.）　11, 25, 54
スー（Xu, H.）　31
スティグラー（Stigler, J. W.）　25, 31

タ行
ダドリー（Dudley, P.）　32
テニソン（Tennyson, R. D.）　39

ナ行
中田基昭　33

中村雄二郎　41
西之園晴夫　33

ハ行
ヒーバート（Hiebert, J.）　25, 31
姫野完治　5
藤江康彦　38
藤岡完治　39
ペダー（Pedder, D.）　31
ボイヤー（Boyer, E. L.）　70

マ行
水越敏行　12, 81
村川雅弘　32

ヤ行
吉崎静夫　24
吉田章宏　34

ラ行
ルイス（Lewis, C.）　32
レイブ（Lave, J.）　57
レヴィン（Lewin, K.）　9

事項索引

A-Z
ALACTモデル　202
FD　64-65
FIACS　36
Lesson Study　25, 31
Meta-Learning　132
MOST　73
OSIA　36
PCK　74
PDCAサイクル　37, 163, 173
PLC（Professional Learning Community）　25, 113

R-PDCAサイクル　150
SDGs　128
SD法　165
SOTL　69
theory in practice　11
theory into practice　10
theory through practice　10
TOSS（Teacher's Organization of Skill Sharing）　24

ア行
アクション・リサーチ　9, 203, 207

アクションカード　158
アクティブ・ラーニング　143
アセスメント　129, 137, 138, 139
育成指標　90
一人称研究　43
一人称としての授業研究　3
一般化できる教育技術　12
意図的・計画的な学級づくり　153
意図的・計画的なカリキュラム開発　144
イプサティブアセスメント　138
ウェアラブルカメラ　5
ウェビング法　172

カ行

概念化シート　168
学習科学　197, 199, 204
学習共同体　198
学習する学校　136
学習への「リーダーシップ」　137
学習理論　197
学制　16
学級経営カリキュラム　151, 158
　──・プラン　157
学級経営のカリキュラム開発　144
学級マネジメント　158
学級力　143, 145, 146
学級力アンケート　147
学級力向上カリキュラム　151, 152
学級力向上プロジェクト　149
学級力レーダーチャート　147
学校教育目標　163
学校研究　47
学校質問紙　87
学校全体　133
学校を基盤とするカリキュラム開発　85, 162
カード構造化法　41
カリキュラム　196, 205
カリキュラム・アセスメントによるレッスンスタディ　136
カリキュラム・マネジメント　89, 99, 146, 162, 199
カリキュラム開発　2, 201

カリキュラムリーダーシップ　164
考えるための技術　178
感得　34
技術的熟達者　25
キャパシティ　45
教育委員会指導主事　90
教育技術　34
教育技術的アプローチ　34
教育技術のデュアルな関係　14
教育技術の法則化運動　24
教育経営学　81
教育工学　81, 203, 205
教育実習　50
教育実践研究　208
教育的リーダーシップ　84
教育の科学化　21
教育の現代化　21
教育方法学　80
『教育方法学ハンドブック』　80
教員養成　202
教科横断的なカリキュラム開発　143, 160
教科横断的なカリキュラム編成　153
教師期待効果　7
教師教育　203
教師教育学　81
『教師教育研究ハンドブック』　81
教師の学習　197
教師の授業力量形成　2, 197
教師の成長　203
教師の力　201
教授　16
教授スキル　17
教職大学院　58
行政研修　90
クライテリア　136, 138
経験学習　83
研究開発学校　162
研究主任　103
現象学的アプローチ　33
現職教育　202, 203
行為における省察（reflection in action）　11, 25

行為についての省察（reflection on action） 25
公開実験授業 68
工学的アプローチ 22
校長の専門職基準 82
行動主義的アプローチ 36
行動主義的アプローチによる授業研究 7
校内研究 26, 201
校内研修 80, 112, 203
校内授業研究 25
コード化 134
個性化の色彩が強い教育技術 12
個別化・個性化 144
　──教育 144
コミュニケーション 56
コミュニケーション分析 23
コミュニティ 197, 199
コンサルタント 114, 123
コンサルテーション 114, 118, 123
コンピテンシー 138

サ行

サイレント・マジョリティー 149
サブ・カリキュラム 151
三人称としての授業研究 4, 7
思考スキル 180
思考スキルカード 184
思考ツール 178
思考ツール集会 189
思考ツールタイム 189
思考マップ法 172
自主サークル 90
システム思考 134
システムズ・アプローチ 37
システムダイナミックス 133
システム・ダイナミック理論 39
実践の中で生まれる理論 12
質的研究 202
質的調査 197, 208
私的言語 42
児童・生徒の実態把握と共有化 171
指導案拡大シート 168
指導主事 112, 118, 123

児童生徒の参加 108
指導ラウンド 198
社会的構成主義 38
授業 33
授業改善 2
授業観察 88
授業カンファレンス 200
授業協議会 204
授業研究 31, 164, 196, 197
授業研究における理論と実践の関係 10
授業検討会 72, 196
授業システム開発（Instructional System Development）モデル 39
授業の当事者研究 43
授業批評会 17
授業評価 88
授業リフレクション 203, 206
授業力 201
主体的・対話的で深い学び 167
照察 33
ジョハリの窓 9
シンキングツール 178
スタンダード 86
スチューデントエージェンシー 138
ストーリーテリング 134
スマイルタイム 149, 158
省察（reflection） 25, 204
省察的実践家 25
全国学力・学習状況調査 165
専門家共同体・専門職共同体 199, 206, 207
専門的学習（professional learning） 47
専門的な学習共同体 83, 113
総合的な学習の時間 144, 162
相互研修 68
相互研修型FD 70
相互作用的意志決定 35
組織学習 98

タ行

大学教育 202, 204
大学教育学会 66
大学教育研究フォーラム 67

事項索引　213

対話と討論　46
ダブル・ループ学習　98, 135
地域のコアとしての学校　136
チーム学校　108
チェックリスト法　166
『ティーチング・ギャップ』　133, 138
ティームティーチング　134
テンプレート　132
同僚性（collegiality）　6, 25

ナ行

ナラティブ　134
二人称研究　43
二人称としての授業研究　4, 6
日本教育工学会　51, 66
日本教育方法学会　80
日本教師教育学会　81
認知科学　24, 198, 199
認知主義的アプローチによる授業研究　8

ハ行

パーソナル・コンストラクト・セオリー
　（PCT）　42
発達の最近接領域　138
パフォーマンス課題　132
反省的実践家　36, 83
ハンドブック　106
ビジュアル・ワークショップ　156
評定尺度法　165
ひらめきタイム　186
フィードバック　139
フリーカード法　170

振り返り　54
プレFD　70
文化スクリプト　136
ペダゴジー　137

マ行

マイクロティーチング　23, 52
マトリクスシート　169
学びに向かう　189
学びの足跡ルーブリック　189
学びの共同体　203, 205, 207
マネジメントサイクル　96
ミューズ学習　179
民間教育研究団体　22
模擬授業　52

ラ行

ライフストーリー研究　90
リーダーシップ　102
　分散型——　102
リテラシー　132
リフレクション　5, 54
臨床的教師教育　39
臨床の知　41
ルーブリック　118, 188
レッスンスタディ　3, 25, 50, 196, 200, 201, 204

ワ行

ワークショップ　27
ワークショップ型研修　32
ワークショップ型授業研究　167

監修者紹介（執筆担当）

吉崎静夫（よしざき・しずお）　第1章
　九州大学大学院教育研究科博士課程単位取得満期退学
　日本女子大学人間社会学部教授，学術博士（大阪大学）
　『教師の意思決定と授業研究』ぎょうせい，1991年
　『デザイナーとしての教師，アクターとしての教師』金子書房，1997年
　『事例から学ぶ活用型能力が育つ授業デザイン』ぎょうせい，2008年

編著者紹介（執筆担当，執筆順）

村川雅弘（むらかわ・まさひろ）　第11章
　大阪大学大学院人間科学研究科後期課程
　甲南女子大学人間科学部教授
　『ワークショップ型教員研修　はじめの一歩——わかる！使える！理論・技法・課題・子ども・ツール・プラン77』教育開発研究所，2016年
　『学力向上・授業改善・学校改革 カリマネ100の処方』教育開発研究所，2018年
　『教育実践論文としての教育工学研究のまとめ方』（共編著）ミネルヴァ書房，2016年

木原俊行（きはら・としゆき）　第6章
　大阪大学大学院人間科学研究科
　大阪教育大学大学院・連合教職実践研究科教授，博士（教育学）
　『教育工学的アプローチによる教師教育——学び続ける教師を育てる・支える』（共編著）ミネルヴァ書房，2016年
　『活用型学力を育てる授業づくり——思考・判断・表現力を高めるための指導と評価の工夫』ミネルヴァ書房，2011年
　『教師が磨き合う「学校研究」——授業力量の向上をめざして』ぎょうせい，2006年

執筆者紹介（執筆順，執筆担当，最終学歴，現職，主著）

姫野完治（ひめの・かんじ）　第2章
　大阪大学大学院人間科学研究科博士後期課程修了
　北海道教育大学大学院准教授，博士（人間科学）
　『学び続ける教師の養成——成長観の変容とライフヒストリー』大阪大学出版会，2013年
　『未来を拓く教師のわざ』（編著）一莖書房，2016年
　『教育の方法と技術』（共著）ミネルヴァ書房，2018年

浅田　匡（あさだ・ただし）　第3章
　大阪大学大学院人間科学研究科修了
　早稲田大学人間科学学術院教授
　『成長する教師——教師学への招待』（編著）金子書房，1998年
　『中等教育ルネッサンス——生徒が育つ・教師が育つ学校づくり』（編著）学事出版，2003年

永田智子（ながた・ともこ）　第4章
　大阪大学大学院人間科学研究科博士後期課程退学
　兵庫教育大学大学院教授，博士（人間科学）
　『教育分野におけるeポートフォリオ』（編著）ミネルヴァ書房，2017年
　『iPadで拓く学びのイノベーション』（編著）高陵社書店，2013年
　『明日の教師を育てる』（編著）ナカニシヤ出版，2007年

田口真奈（たぐち・まな）　第5章
　大阪大学大学院人間科学研究科博士後期課程修了
　京都大学高等教育研究開発推進センター准教授，博士（人間科学）
　「コンセプトマップを使った深い授業——哲学系入門科目での試み」『ディープ・アクティブラーニング』（共著）勁草書房，2015年
　『授業研究と教育工学』（共著）ミネルヴァ書房，2012年
　『未来の大学教員を育てる——京大文学部・プレFDの挑戦』（共編著）勁草書房，2013年

田村知子（たむら・ともこ）　第7章
　九州大学大学院人間環境学府博士課程単位取得退学
　大阪教育大学大学院・連合教職実践研究科教授，博士（教育学）
　『カリキュラムマネジメント——学力向上へのアクションプラン』日本標準，2014年
　『実践・カリキュラムマネジメント』（編著）ぎょうせい，2011年
　『カリキュラムマネジメントが学校を変える』（共著）学事出版，2004年
　『カリキュラムマネジメント・ハンドブック』（共編著）ぎょうせい，2016年

島田　希（しまだ・のぞみ）　第8章
　北陸先端科学技術大学院大学知識科学研究科知識社会システム学専攻博士後期課程修了
　大阪市立大学大学院文学研究科准教授，博士（知識科学）
　『教師と学校のレジリエンス――子どもの学びを支えるチーム力』（共訳）北大路書房，2015年
　『教育工学的アプローチによる教師教育――学び続ける教師を育てる・支える』（共編著）ミネルヴァ書房，2016年
　『学びを創る教育評価』（共著）あいり出版，2017年

有本昌弘（ありもと・まさひろ）　第9章
　大阪大学大学院人間科学研究科修了
　東北大学大学院教育学研究科教授，博士（人間科学）
　『スクールアプローチによるカリキュラム評価の研究』学文社，2006年
　International Teacher Education: Promising Pedagogies Advances in Research on Teachers (Part A), Vol. 22, Emerald, 2014.（共著）
　Cambridge Handbook of Instructional Feedback, Cambridge University Press, 2018.（共著）

田中博之（たなか・ひろゆき）　第10章
　大阪大学大学院人間科学研究科博士後期課程中退
　早稲田大学教育・総合科学学術院教授
　『アクティブ・ラーニング実践の手引き』教育開発研究所，2016年
　『小・中学校の家庭学習アイデアブック』（編著）明治図書出版，2017年
　『アクティブ・ラーニングの学習評価』学陽書房，2017年
　『アクティブ・ラーニング「深い学び」実践の手引き』教育開発研究所，2017年

黒上晴夫（くろかみ・はるお）　第12章
　大阪大学大学院人間科学研究科博士課程単位取得退学
　関西大学総合情報学部教授
　『田村学・黒上晴夫の「深い学び」で生かす思考ツール』小学館，2017年
　『教育技術MOOK　考えるってこういうことか！「思考ツール」の授業』小学館，2013年
　R・リチャートほか『子どもの思考が見える21のルーチン――アクティブな学びをつくる』（共訳）北大路書房，2015年

深見俊崇（ふかみ・としたか）　資料
　大阪市立大学大学院文学研究科後期博士課程単位取得退学
　島根大学教育学部准教授
　L・ダーリング-ハモンド『パワフル・ラーニング――社会に開かれた学びと理解をつくる』（編訳）北大路書房，2017年
　『授業設計マニュアル Ver.2――教師のためのインストラクショナルデザイン』（共著）北大路書房，2011年
　『教育工学的アプローチによる教師教育――学び続ける教師を育てる・支える』（共著）ミネルヴァ書房，2016年

授業研究のフロンティア

2019年3月30日　初版第1刷発行	〈検印省略〉
	定価はカバーに表示しています

<table>
<tr><td>監修者</td><td>吉崎　静夫</td></tr>
<tr><td>編著者</td><td>村川　雅弘
木原　俊行</td></tr>
<tr><td>発行者</td><td>杉田　啓三</td></tr>
<tr><td>印刷者</td><td>田中　雅博</td></tr>
</table>

発行所　株式会社　ミネルヴァ書房
607-8494　京都市山科区日ノ岡堤谷町1
電話代表　(075) 581-5191
振替口座　01020-0-8076

Ⓒ村川・木原ほか，2019　　創栄図書印刷・新生製本

ISBN978-4-623-08557-6
Printed in Japan

Lesson Study（レッスンスタディ）

──日本教育工学会監修，小柳和喜雄・柴田好章編著　A5判 240頁　本体 2700円

●アメリカやアジアを中心に欧州にまで普及，展開されている Lesson Study は，日本の「校内での授業研究（研究授業）」がモデルとなっている。授業改善と教師の力量形成を目的に行われる Lesson Study の最新の動向を解説し，諸外国での事例を紹介する。

すぐ実践できる情報スキル50──学校図書館を活用して育む基礎力

塩谷京子編　B5判 212頁　本体2200円

●小・中学校9年間を見通した各教科等に埋め込まれている情報スキル50を考案。学校図書館を活用することを通して育成したいスキルの内容を，読んで理解し，授業のすすめ方もイメージできる。子どもが主体的に学ぶための現場ですぐに役立つ一冊。

教育実践研究の方法──SPSSとAmosを用いた統計分析入門

篠原正典著　A5判 220頁　本体 2400円

●分析したい内容項目と分析手法のマッチングについて，知りたい内容や結果から，それを導き出すための分統計解析方法がわかるように構成した。統計に関する基礎知識がない人，SPSSやAmosを使ったことがない人でも理解できるよう，その考え方と手順を平易に解説した。

びわ湖のほとりで35年続くすごい授業

──滋賀大附属中学校が実践してきた主体的・対話的で深い学び

山田奨治・滋賀大学教育学部附属中学校著　A5判 188頁　本体2200円

●総合学習の発祥の地ともいえる滋賀大学附属中学校で展開する総合学習の3つの柱，「BIWAKO TIME」と「情報の時間」「COMMUNICATION TIME」の実際を紹介する。

ミネルヴァ書房

http://www.minervashobo.co.jp/